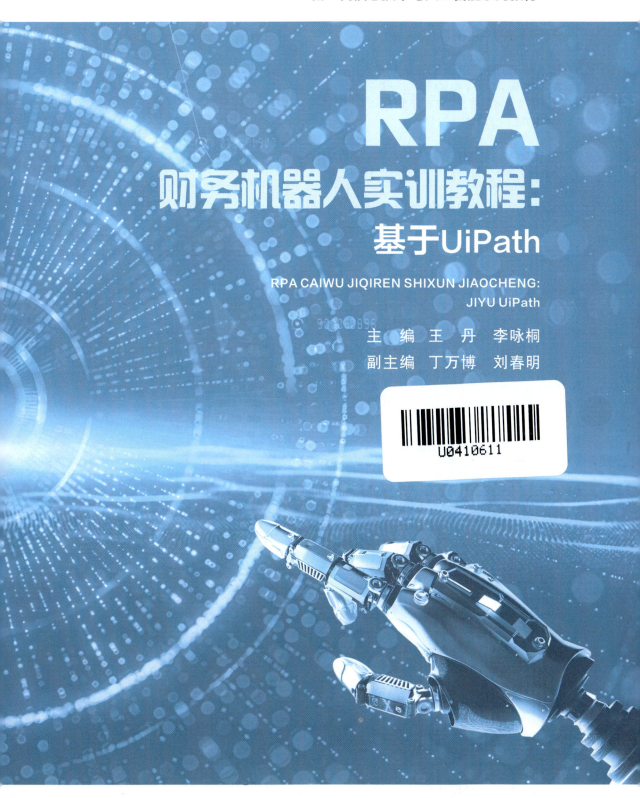

高等职业教育新形态创新系列教材
新一代信息技术与人工智能系列教材

RPA
财务机器人实训教程：
基于UiPath

RPA CAIWU JIQIREN SHIXUN JIAOCHENG:
JIYU UiPath

主　编　王　丹　李咏桐
副主编　丁万博　刘春明

西安交通大学出版社

图书在版编目(CIP)数据

RPA 财务机器人实训教程:基于 UiPath / 王丹,李咏桐主编. —西安:西安交通大学出版社,2023.12
高等职业教育新形态创新系列教材
ISBN 978-7-5693-3514-9

Ⅰ.①R… Ⅱ.①王… ②李… Ⅲ.①财务管理—专用机器人—高等职业教育—教材 Ⅳ.①F275 ②TP242.3

中国国家版本馆 CIP 数据核字(2023)第 209176 号

书　　名	RPA 财务机器人实训教程:基于 UiPath RPA CAIWUJIQIREN SHIXUN JIAOCHENG:JIYU UiPath
主　　编	王　丹　李咏桐
副 主 编	丁万博　刘春明
策划编辑	杨　璠
责任编辑	张　欣　张明玥
责任校对	刘艺飞
封面设计	任加盟
出版发行	西安交通大学出版社 (西安市兴庆南路 1 号　邮政编码 710048)
网　　址	http://www.xjtupress.com
电　　话	(029)82668357　82667874(市场营销中心) (029)82668315(总编办)
传　　真	(029)82668280
印　　刷	陕西印科印务有限公司
开　　本	787 mm×1092 mm　1/16　印张 14.125　字数 298 千字
版次印次	2023 年 12 月第 1 版　2023 年 12 月第 1 次印刷
书　　号	ISBN 978-7-5693-3514-9
定　　价	52.80 元

如发现印装质量问题,请与本社市场营销中心联系。
订购热线:(029)82665248　(029)82667874
投稿热线:(029)82668804
读者信箱:phoe@qq.com

版权所有　侵权必究

目录

项目1 RPA 在财务中的应用——随机数字机器人 ... 1
任务 1 猜数字游戏机器人 ... 1
任务 2 随机点名机器人 ... 13

项目2 RPA 在财务中的应用——Excel 篇 ... 30
任务 3 银行对账机器人 ... 30
任务 4 数据查找机器人 ... 46

项目3 RPA 在财务中的应用——E-mail 篇 ... 64
任务 5 RPA 操作 E-mail 的环境准备 ... 64
任务 6 发送邮件机器人 ... 69
任务 7 读取邮件机器人 ... 79

项目4 RPA 在财务中的应用——Web 篇 ... 92
任务 8 访问数据前的环境准备 ... 92
任务 9 信息抓取机器人 ... 94
任务 10 获取文件信息机器人 ... 118

项目5 RPA 财务机器人综合实战 ... 124
任务 11 采购到付款业务 ... 124
任务 12 销售到收款业务 ... 144
任务 13 总账到报表业务 ... 154
任务 14 银企对账机器人 ... 172
任务 15 发票开具机器人 ... 191

参考文献 ... 220

项目 1　RPA 在财务中的应用——随机数字机器人

学习目标

(1)了解 RPA 在人机交互中的应用;掌握在 UiPath 软件中制作猜数字游戏机器人的设计原理和操作流程;掌握在 UiPath 软件中制作随机点名机器人的设计原理和操作流程。

(2)能够利用 UiPath 软件设计并制作、运行猜数字游戏机器人;能够利用 UiPath 软件设计并制作、运行随机点名机器人。

(3)通过猜数字游戏机器人和随机点名机器人两个案例展示 RPA 在人机交互中的应用,培养学生举一反三、灵活应用的独立思考和主动探究能力,提升学生利用 RPA 等新技术解决现实问题的综合能力,培养学生爱岗敬业和勇于创新的职业精神。

▶ 任务 1　猜数字游戏机器人

本节目标

(1)了解 RPA 在人机交互中的应用。
(2)掌握在 UiPath 软件中制作猜数字游戏机器人的设计原理和操作流程。
(3)利用 UiPath 软件设计并制作、运行猜数字游戏机器人。

一、任务导入

你和朋友在玩一个猜 1 到 100 之间整数的猜数字游戏。你只有一次机会。首先,你在 1 到 100 之间猜一个整数。如果你猜对了则会提示你"恭喜你,你猜对啦!",如果你猜大了则会提示你"很遗憾,你猜大啦!",如果你猜小了则会提示你"很遗憾,你猜小啦!"。最后,你的朋友提示游戏结束并说出正确的数字。

二、任务分析与设计

猜数字游戏机器人的流程图如图 1-1 所示,主要涉及"顺序"和"选择"两种逻辑方法。从开始到结束的整个流程可以表述如下：

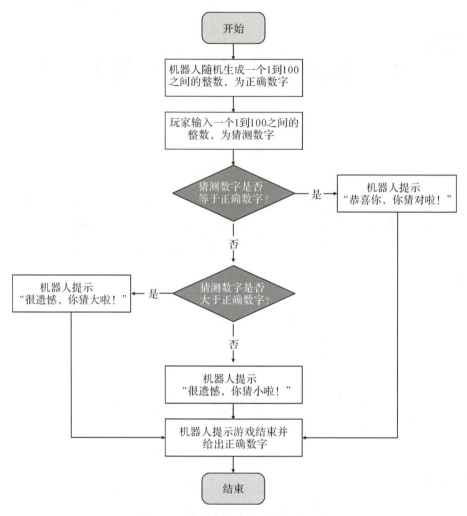

图1-1 猜数字游戏机器人的流程图

(1)机器人随机生成一个1到100之间的整数,为正确数字。

(2)玩家输入一个1到100之间的整数,为猜测数字。

(3)机器人判断猜测数字是否等于正确数字。

如果猜测数字等于正确数字,则机器人提示"恭喜你,你猜对啦!";如果为"否",则机器人会继续判断猜测数字是否大于正确数字:①若判断结果为"是",则机器人提示"很遗憾,你猜大啦!";②若判断结果为"否",则机器人提示"很遗憾,你猜小啦!"。

(4)机器人提示游戏结束并给出正确数字。

三、任务实施

(一)操作准备

首先,打开 UiPath 软件并在开始界面的新建项目处点击"流程",在弹出来的"新建空白流程"对话框中更改"名称"为"单次玩法猜数游戏",点击"创建",如图 1-2、图 1-3 所示。

图 1-2 UiPath 在开始界面的新建项目

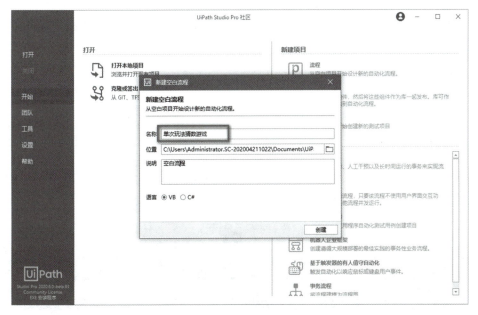

图 1-3 【新建空白流程】对话框

然后,待加载依赖项相关过程完成,新的流程就创建成功。点击"打开主工作流",进入该流程的工作流,如图1-4所示。

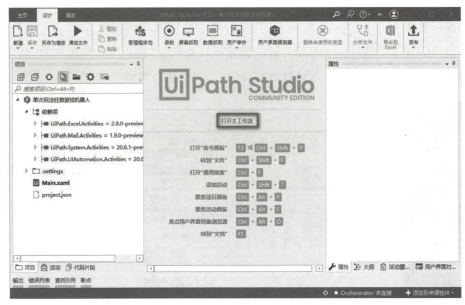

图1-4 【打开主工作流】对话框

(二)程序制作

对照流程图,程序制作可以分为4个过程。

过程1:机器人随机生成一个1到100之间的整数,为正确数字。

步骤一:点击工作流界面左侧的"活动",在上方搜索活动框中输入"分配",用鼠标左键按住控件【分配】拖曳到设计主界面内,如图1-5所示。

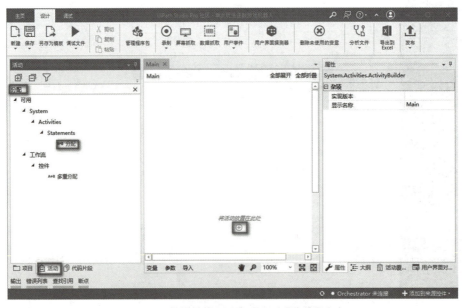

图1-5 在设计主界面加入一个【分配】活动

步骤二:在【分配】活动左侧输入"正确数字",在【分配】活动右侧输入"New Random(). Next(1,100)",此时括号应在半角下输入,在右侧属性面板可以同步看到填写的内容,点击"变量",展开变量编辑区域,如图1-6所示。

图1-6　填写【分配】活动的相关内容

步骤三:点击变量编辑区域的"创建变量",在"名称"处输入"正确数字",在"变量类型"处下拉选择"Int32",在"范围"处下拉选择"序列",在"默认值"处输入"1",然后在属性面板可以同步看到填写的内容,最后点击变量面板处的"变量",收回变量编辑区域,如图1-7所示。

图1-7　在变量编辑区域创建变量"正确数字"

过程2：玩家输入一个1到100之间的整数，为猜测数字。

步骤一：在工作流界面中点击左侧的"活动"，然后在搜索框中填写"输入对话框"，然后用鼠标左键按住控件【输入对话框】拖曳到设计主界面内，如图1-8所示。

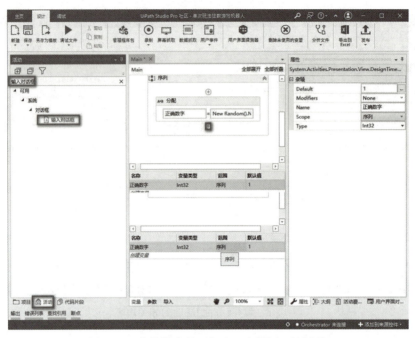

图1-8 在设计主界面加入一个【输入对话框】

步骤二：点击选中设计主界面的【输入对话框】活动，在属性面板中"输入"的"标签"处输入""玩家猜测数字""，在"标题"处输入""请玩家在1到100之间猜一个整数""，在"输出"的"结果"处输入"猜测数字"，然后点击变量面板中的"变量"，展开变量编辑区域，如图1-9所示。

图1-9 填写【输入对话框】活动的相关内容

步骤三:点击变量编辑区域的"创建变量",在"名称"列输入"猜测数字",在"变量类型"列下拉选择"Int32",在"范围"列下拉选择"序列",在"默认值"列不做任何操作,然后在属性面板可以同步看到填写的内容,如图 1-10 所示。

图 1-10　在变量编辑区域创建变量"猜测数字"

过程 3:机器人判断猜测数字是否等于正确数字。

(1)如果猜测数字等于正确数字,则机器人提示"恭喜你,你猜对啦!"。

步骤一:将设计主界面右侧的滑动条调节拉到最底端,在左侧活动面板中点击"活动",在上方搜索活动框中输入"IF 条件",然后用鼠标左键按住控件【IF 条件】拖曳到设计主界面内,如图 1-11 所示。

图 1-11　在设计主界面加入一个【IF 条件】

步骤二:在【IF 条件】的"Condition"处输入"猜测数字=正确数字",在左侧活动面板中点击"活动",在上方搜索活动框中输入"消息框",然后用鼠标左键按住控件【消息框】拖曳到设计主界面"Then"下方的"在此处放置活动"处,如图 1-12 所示。

图 1-12　在【IF 条件】中填写内容并加入一个【消息框】

步骤三:在【消息框】中输入""恭喜你,你猜对啦!""。在左侧活动面板中点击"活动",在上方搜索活动框中输入"IF 条件",然后用鼠标左键按住控件【IF 条件】拖曳到设计主界面"Else"的下方的"在此处放置活动"处,如图 1-13 所示。

图 1-13　填写【消息框】内容并再加一个【IF 条件】

(2)如果为"否",则机器人会继续判断猜测数字是否大于正确数字。

①若判断结果为"是",则机器人提示"很遗憾,你猜大啦!";

②若判断结果为"否",则机器人提示"很遗憾,你猜小啦!"。

步骤四:在新的【IF 条件】"Condition"处输入"猜测数字＞正确数字",在左侧活动面板中点击"活动",然后在上方搜索活动框中输入"消息框",然后用鼠标左键按住控件【消息框】拖曳到设计主界面"Then"下方的"在此处放置活动"处,如图 1-14 所示。

图 1-14 在新的【IF 条件】中填写内容并加入一个【消息框】

步骤五:在【消息框】中输入""很遗憾,你猜大啦!"",在属性面板可以同步看到填写的内容,然后为了显示完整可以将主设计面板的显示比例由 100% 调整为 50%,如图 1-15 所示。

图 1-15 在【消息框】活动中填写""很遗憾,你猜大啦!""

步骤六:在左侧活动面板中点击"活动",然后在上方搜索活动框中输入"消息框",用鼠标左键按住控件【消息框】拖曳到设计主界面第二个"Else"下方的"在此放置活动"处,如图1-16所示。

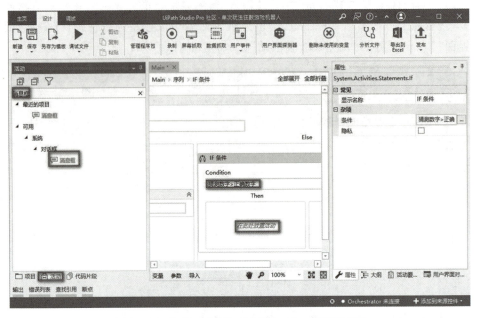

图1-16 在第二个"Else"中再加入一个【消息框】

步骤七:在【消息框】中输入:""很遗憾,你猜小啦!"",在属性面板处可以同步看到填写的内容,此时主设计面板的显示比例为50%,后续可以根据需要再调整显示比例,如图1-17所示。

图1-17 在【消息框】活动中填写""很遗憾,你猜小啦!""

项目1　RPA在财务中的应用——随机数字机器人

过程4：机器人提示游戏结束并给出正确数字。

步骤一：在主界面左侧活动面板中点击"活动"，然后在设计主界面内加入一个【消息框】活动，如图1-18所示。

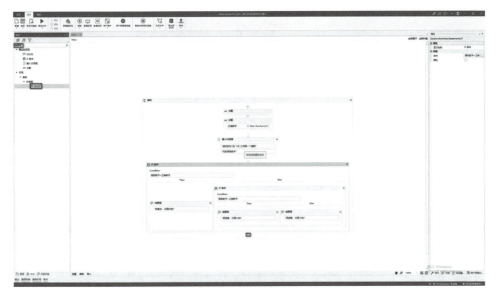

图1-18　在设计主界面内加入一个【消息框】

步骤二：在设计主界面【消息框】中输入""游戏结束啦，正确数字是"＋正确数字.ToString＋"。""，然后将主设计面板位置调整，展示本次制作的完整程序，如图1-19、图1-20所示。

图1-19　在设计主界面【消息框】中输入""游戏结束啦，正确数字是"＋正确数字.ToString＋"。""

图 1-20 本次制作的完整程序

（三）程序运行

点击工作流界面左上角的"调试文件"按钮，并点击"运行文件"按钮，运行程序文件。计算机会弹出一个消息框，输入要猜测的数字，如70，系统显示"很遗憾，你猜小啦！"，点击"确定"后弹出消息框提示游戏结束并显示正确数字是82。最后，我们点击弹框中的"确定"，回到工作流界面，如图1-21所示。

图 1-21 【显示系列结果】对话框

四、本节小结

(1)【输入对话框】显示一个对话框。通过其中的标签消息和输入字段提示用户。
(2)【IF 条件】中对"IF-Then-Else"条件建模,输入逻辑判断的条件。
(3)【变量】中名称必须填写,且命名有一定的规则,不区分大小写,可以使用中文,也可以使用英文,但不能有空格和特殊符号,也不可以使用数字作为变量名称的开头。

任务 2　随机点名机器人

本节目标

(1)掌握在 UiPath 软件中制作随机点名机器人的设计原理和操作流程。
(2)能够利用 UiPath 软件设计并制作运行随机点名机器人。

一、任务导入

大一刚开学,班级分组活动,每组有 5 位学生,其中一组名单如图 1-22 所示。为了加强学生之间的了解,通过随机点名的方式每次挑选一位幸运学生介绍自己。如何随机点名呢?大家不约而同地想到可以利用 UiPath 软件做个"随机点名机器人"来完成,如图 1-22 所示。

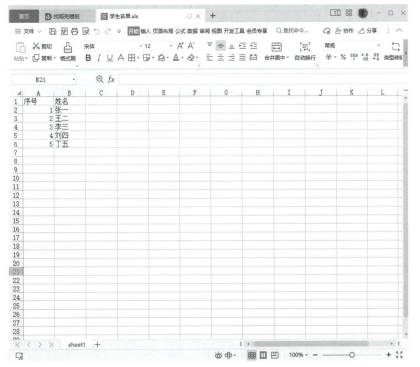

图 1-22　学生名单

二、任务分析与设计

我们继续借助流程图来分析这个案例,案例中随机点名的过程同样应用了"顺序""选择""循环"等多种逻辑方法,从开始到结束其整个流程实际上都处于一个"循环"里,其中又嵌套着"顺序"与"选择",具体流程如图1-23所示。

(一)循环条件

i是否等于0(0代表退出循环,1代表继续循环)。

(二)循环内容

(1)机器人随机生成一个1到5之间的整数,为幸运数字。

(2)机器人宣布幸运数字。

(3)机器人读取幸运数字与其代表的姓名。

(4)机器人宣布幸运数字与其代表的姓名。

(5)玩家在0和1两个数中输入一个数(0退出,1继续),为i。

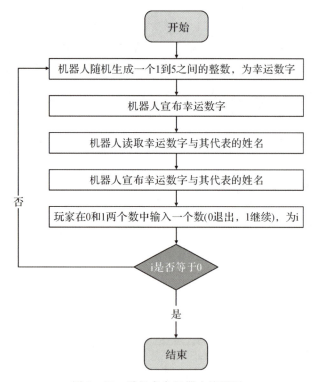

图1-23 随机点名机器人流程图

三、任务实施

(一)操作准备

打开 UiPath 软件并在开始界面的新建项目处点击"流程",在弹出来的新建空白流程对话框中更改"名称"为"随机点名机器人",点击"创建",如图 1-24、图 1-25 所示。

图 1-24 在开始界面的新建项目处点击"流程"

图 1-25 创建一个空白流程并更改"名称"信息

待加载依赖项相关过程完成,新的流程创建成功;点击"打开主工作流",进入该流程的工作流界面的各功能区域,如图1-25所示。

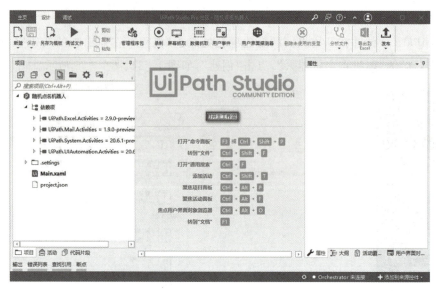

图1-25　新的流程创建成功并打开主工作流

(二)程序制作

对照流程图,程序制作可以分为2个过程。

过程1:循环及条件设置。

步骤一:在工作流界面中点击左侧活动面板的"活动",在上方搜索活动框中输入"后条件循环",用鼠标左键按住控件【后条件循环】拖曳到设计主界面内,如图1-26所示。

图1-26　在设计主界面加入一个【后条件循环】

项目1　RPA在财务中的应用——随机数字机器人

步骤二：在【后条件循环】的"条件"处输入"i<>0"，在右侧属性面板可以同步看到填写的内容，点击"变量"，展开变量编辑区域，如图1-27所示。

图1-27　在【后条件循环】中填写"条件"

步骤三：点击变量编辑区域的"创建变量"，在"名称"列输入"i"，在"变量类型"列下拉选择"Int32"，在"范围"列下拉选择"序列"，"默认值"列为空，然后在属性面板可以同步看到填写的内容，最后点击"变量"，收回变量编辑区域，如图1-28所示。

图1-28　在变量编辑区域创建一个变量"i"

过程2:循环内容编制。

循环的正文部分由于涉及流程图中的多个内容,实际上需要嵌套多个活动。用鼠标左键双击进入正文,随后将依次完成5个流程活动。

(1)机器人随机生成一个1到5之间的整数,为幸运数字。

步骤一:在工作流界面中点击左侧活动面板的"活动",在上方搜索活动框中输入"分配",用鼠标左键按住控件【分配】拖曳到设计主界面内,如图1-29所示。

图1-29　在设计主界面加入一个【分配】

步骤二:在【分配】左侧输入"幸运数字",在【分配】右侧输入"New Random().Next(1,5)",在右侧属性面板可以同步看到填写的内容,然后点击"变量",展开变量编辑区域,如图1-30所示。

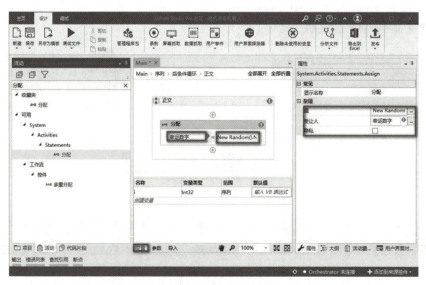

图1-30　在【分配】活动中填写相关内容

步骤三:点击变量编辑区域的"创建变量",在"名称"列输入"幸运数字",在"变量类型"列下拉选择"Int32",在"范围"列下拉选择"序列","默认值"列为空,在属性面板处可以同步看到填写的内容,最后点击"变量",收回变量编辑区域,如图1-31所示。

图1-31 在变量编辑区域创建变量"幸运数字"

(2)机器人宣布幸运数字。

步骤一:在工作流界面中点击左侧活动面板的"活动",在上方搜索活动框中输入"消息框",然后用鼠标左键按住控件【消息框】拖曳到设计主界面内,如图1-32所示。

图1-32 在设计主界面中加入一个【消息框】

步骤二:在【消息框】中输入""本次抽中的幸运数字是:"+幸运数字.ToString",如图1-33所示。

图1-33 在【消息框】填写相关内容

(3)机器人读取幸运数字与其代表的姓名。

步骤一:在工作流界面中点击左侧的"活动",在上方搜索活动框中输入"Excel应用程序范围",然后用鼠标左键按住控件【Excel应用程序范围】拖曳到设计主界面内,如图1-34所示。

图1-34 在设计主界面中加入一个【Excel应用程序范围】

步骤二：在【Excel 应用程序范围】路径处输入""D:\学生名单.xls""，然后可以通过设计主界面右方和下方的按钮来调整界面，如图 1-35 所示。

图 1-35　在【Excel 应用程序范围】中填写 Excel 文件路径

步骤三：在工作流界面中点击左侧活动面板的"活动"，在上方搜索活动框中输入"分配"，用鼠标左键按住控件【分配】拖曳到设计主界面内，如图 1-36 所示。

图 1-36　在设计界面中再加入一个【分配】

步骤四:在【分配】左侧输入"行数",在【分配】右侧输入"幸运数字+1",在右侧属性面板可以同步看到填写的内容,点击"变量",展开变量编辑区域,如图 1-37 所示。

图 1-37　在【分配】活动中填写相关内容

步骤五:点击变量编辑区域的"创建变量",在"名称"列输入"行数",在"变量类型"列下拉选择"Int32",在"范围"列下拉选择"序列","默认值"列为空,在属性面板可以同步看到填写的内容,最后点击变量面板中的"变量",收回变量编辑区域,如图 1-38 所示。

图 1-38　在变量编辑区域增加一个变量"行数"

步骤六：点击主界面左侧的"活动"，在上方搜索活动框中输入"读取单元格"，然后用鼠标左键按住控件【读取单元格】拖曳到设计主界面内，如图1-39所示。

图1-39 在设计界面中再加入一个【读取单元格】

步骤七：【读取单元格】左侧默认为""Sheet1""，在【读取单元格】右侧输入""B"+行数.ToString"，在右侧属性面板的"结果"处输入"幸运姓名"，点击"变量"，展开变量编辑区域，如图1-40所示。

图1-40 在【读取单元格】活动中填写相关内容

步骤八：点击变量编辑区域的"创建变量"，在"名称"列输入"幸运姓名"，在"变量类型"列下拉选择"String"，在"范围"列下拉选择"序列"，"默认值"列为空，在属性面板可以同步看到填写的内容，最后点击变量面板中的"变量"，收回变量编辑区域，如图1-41所示。

图1-41 在变量编辑区域增加一个变量"幸运姓名"

(4) 机器人宣布幸运数字代表的姓名。

步骤一：将设计主界面右侧滑动条拉到最下方，点击左侧活动面板的"活动"，在上方搜索活动框中输入"消息框"，然后用鼠标左键按住控件【消息框】拖曳到设计主界面内，如图1-42所示。

图1-42 在设计界面中再加入一个【消息框】

项目1　RPA在财务中的应用——随机数字机器人

步骤二:在【消息框】活动中输入"幸运数字.ToString＋"号幸运学生的姓名是:"＋幸运姓名.ToString",在属性面板处可以同步看到填写的内容,如图1-43所示。

图1-43　在【消息框】活动中填写相关内容

(5)玩家在0和1两个数中输入一个数(0退出,1继续),为i。

步骤一:将设计主界面右方的滑动条拉到最下方,在工作流界面中点击左侧活动面板的"活动",在上方搜索活动框中填写"输入对话框",然后用鼠标左键按住控件【输入对话框】拖曳到设计主界面内,如图1-44所示。

图1-44　在设计界面中再加入一个【输入对话框】

步骤二:点击【输入对话框】,在"对话框标题"处输入""请问是否需要继续点名?"",在"输入标签"处输入""请在0和1两个数中输入一个数(0代表结束,1代表继续):"",然后在属性面板"输出结果"处输入"i",如图1-45、图1-46所示。

图1-45 在【输入对话框】活动中填写相关内容

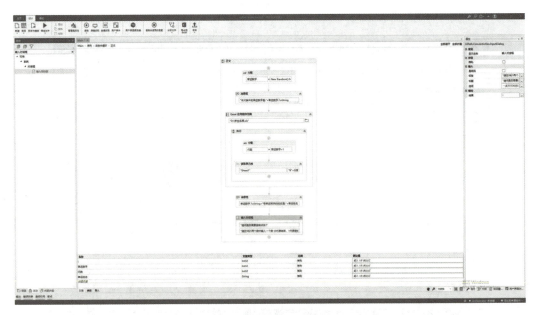

图1-46 【整体图】对话框

(三)程序运行

点击工作流界面左上角的"调试文件"按钮,运行程序文件,如图 1-47 所示。

图 1-47 【运行文件】对话框

由于幸运数字是机器人随机生成的且需要玩家确定是否继续点名,因此后续需要与计算机进行人机互动。每次运行的结果有多种可能性,下面将演示其中一种游戏过程。

(1)计算机弹出消息框显示"本次抽中的幸运数字是:2",玩家点击"确定"后将显示"2 号幸运学生的姓名是:王二",如图 1-48、图 1-49 所示。

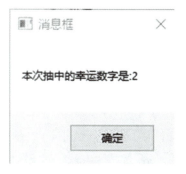

图 1-48 消息框提示幸运数字

图 1-49 消息框提示幸运姓名

(2)计算机弹出消息框显示"请在 0 和 1 两个数中输入一个数(0 代表结束,1 代表继续):";玩家输入"1",并点击"确定"后将显示"本次抽中的幸运数字是:3",玩家点击"确定"后将显示"3 号幸运学生的姓名是:李三",如图 1-50 至图 1-52 所示。

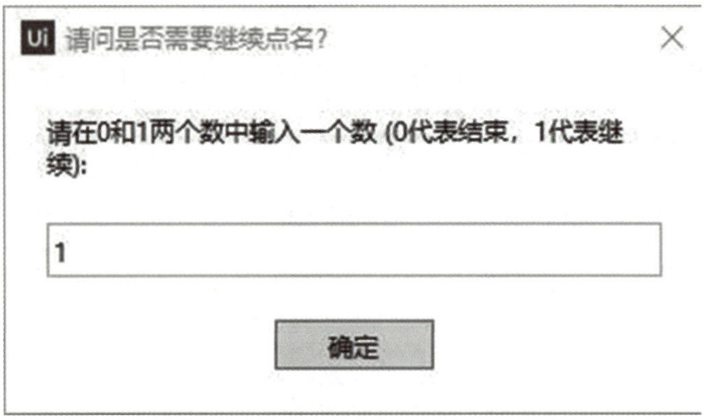

图1-50 【提示是否需要继续点名?】对话框

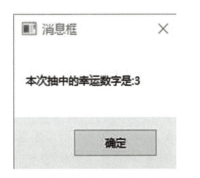

图1-51 第二次消息框提示幸运数字

图1-52 第二次消息框提示幸运姓名

(3)计算机弹出消息框显示"请在0和1两个数中输入一个数(0代表结束,1代表继续):";玩家输入0并点击"确定"后,机器人回到工作流界面,如图1-53所示。

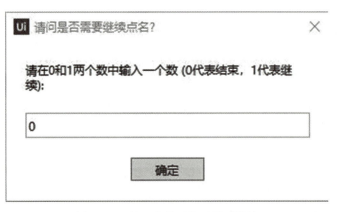

图1-53 第二次提示是否需要继续

四、本节小结

(1)在 UiPath 软件中变量的应用非常频繁,它主要存储某个活动的运行结果,在流程设计中起到数据传递的作用。

(2)【分配】活动的中间有一个等号,左右两侧各有一个文本框,分别是"To"和"输入 VB 表达式",在刚开始接触的时候,很多人误以为它表示等式,实则不然,其作用是活动运行时将"输入 VB 表达式"中的内容赋值给"To"中的变量。

(3)【消息框】。

(1)排名最前:如果选中,则始终将消息置于前台。

(2)按钮:指定要在消息框中显示的按钮。

(3)文本:要在消息框中显示的文本。

(4)标题:消息框对话框的标题。

项目 2 RPA 在财务中的应用——Excel 篇

学习目标

(1) 了解 RPA 在 Excel 场景中的应用;掌握在 UiPath 软件中制作银行对账机器人的设计原理和操作流程;掌握在 UiPath 软件中制作数据查找机器人的设计原理和操作流程。

(2) 能够利用 UiPath 软件设计并制作运行银行对账机器人;能够利用 UiPath 软件设计并制作运行数据查找机器人。

(3) 通过银行对账机器人和数据查找机器人两个案例,展示 RPA 在 Excel 场景中的应用,培养学生举一反三、灵活应用的独立思考和主动探究能力,提升学生利用 RPA 等新技术解决现实问题的综合能力,培养学生爱岗敬业和勇于创新的职业精神。

▶ 任务 3 银行对账机器人

本节目标

(1) 了解 RPA 在 Excel 场景中的应用。
(2) 掌握在 UiPath 软件中制作银行对账机器人的设计原理和操作流程。
(3) 能够利用 UiPath 软件设计并制作运行银行对账机器人。

一、任务导入

你在一家公司的财务部实习时,财务部主管发给你一份 Excel 文件,是公司 1 月份的日记账单和银行账单,主管已经发现这两个账单的月末余额不一致,想让你把收支记录不一致的地方给挑选出来,如图 2-1、图 2-2 所示。

项目2　RPA在财务中的应用——Excel篇

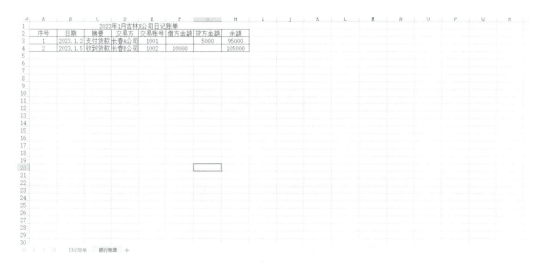

图 2-1　日记账单

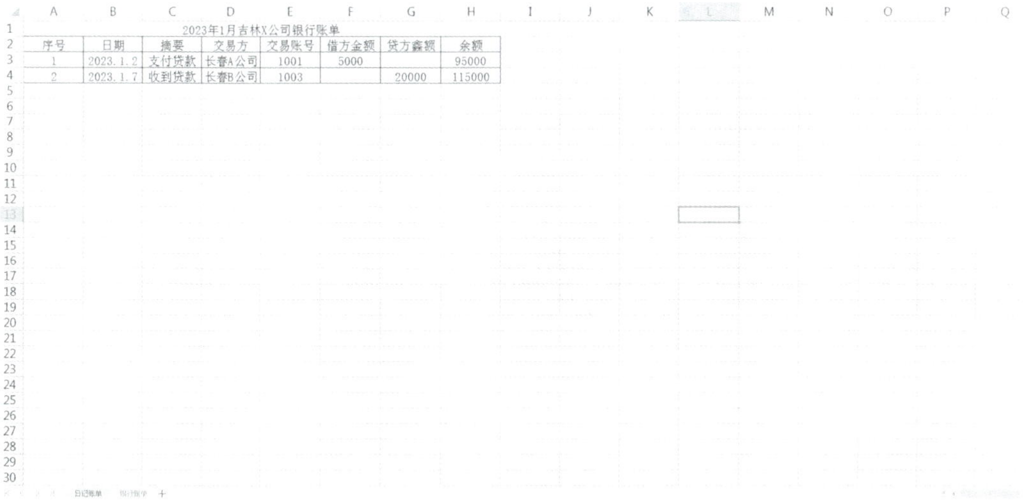

图 2-2　银行账单

二、任务分析与设计

我们借助图 2-3 所示的流程图来分析这个案例,这个案例的逻辑方法其实很简单,只涉及"顺序",从开始到结束的整个过程都由机器人自动完成,主要过程依次如下:

(1)机器人读取日记账单。

(2)机器人读取银行账单。

(3)机器人关联日记账单和银行账单。

(4)机器人筛选出差异化数据。

(5)机器人保存数据至指定文件。

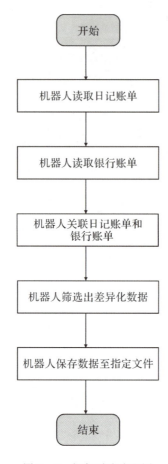

图 2-3　银行对账流程图

三、任务实施

(一)操作准备

打开 UiPath 软件并在开始界面的新建项目处点击"库";在弹出来的"新建空白库"对话框中更改"名称"信息,名称改为"银行对账机器人",点击"创建",如图 2-4 所示。

项目2　RPA在财务中的应用——Excel篇

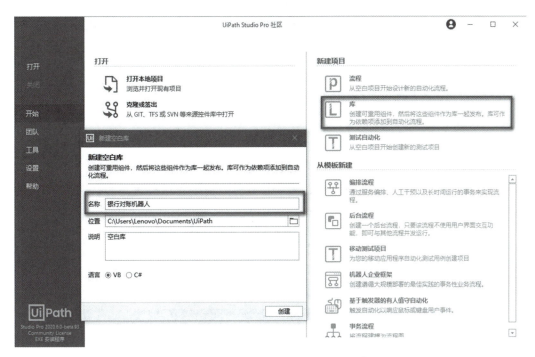

图 2-4　创建一个空白库并更改"名称"信息

点击左下侧活动面板中"项目",随后用鼠标左键双击"NewActivity.xaml",进入工作流界面,如图 2-5、图 2-6 所示。

图 2-5　进入工作流界面

图 2-6 工作流界面

(二)程序制作

过程 1:机器人读取日记账单。

步骤一:在工作流界面中点击左侧活动面板的"活动",在上方搜索活动框中输入"读取范围",然后用鼠标左键按住控件【读取范围】拖曳到设计主界面内,如图 2-7 所示。

图 2-7 在工作流界面加入【读取范围】

步骤二:在工作流界面【读取范围】活动中填写工作簿路径""D:日记账单与银行账单.xls"",填写日记账单工作表名称""日记账单"",在右侧属性面板中填写输入范围""A2"",在右侧属性面板输出数据表处输入"日记账单",将右侧属性面板"添加标头"处勾选上,如图2-8所示。

图2-8 在【读取范围】活动中填写相关内容

步骤三:点击变量编辑区域的创建变量处,在"名称"列输入"日记账单",在"变量类型"列下拉选择"DataTable",在"范围"列下拉选择"序列","默认值"列保持默认状态(空着),然后在属性面板处可以同步看到填写的内容,最后点击变量面板处的"变量",如图2-9所示。

图2-9 在变量编辑区域创建一个"日记账单"变量

过程2:机器人读取银行账单。

步骤一:在工作流界面中点击左侧活动面板的"活动",在上方搜索活动框中输入"读取范围",用鼠标左键按住控件【读取范围】拖曳到设计主界面内,如图2-10所示。

图2-10 在工作流界面加入一个【读取范围】

步骤二:在工作流界面【读取范围】活动中填写工作簿路径"D:日记账单与银行账单",银行账单工作表名称填写为"银行账单",在右侧属性面板中填写输入范围""A2"",在右侧属性面板输出下的"数据表"处输入"银行账单",然后将"添加标头"处勾选上,如图2-11所示。

图2-11 在【读取范围】活动中填写相关内容

项目2　RPA在财务中的应用——Excel篇

步骤三：点击变量编辑区域的创建变量处，在"名称"列输入"银行账单"，在"变量类型"列下拉选择"DataTable"，在"范围"列下拉选择"序列"，"默认值"列保持默认状态（空着），最后在属性面板处可以同步看到填写的内容，如图2-12所示。

图2-12　在变量编辑区域创建一个"银行账单"变量

过程3：机器人关联日记账单和银行账单。

步骤一：在工作流界面中点击左侧活动面板的"活动"，在上方搜索活动框中输入"联接数据表"，然后用鼠标左键按住控件【联接数据表】拖曳到设计主界面内，如图2-13所示。

图2-13　在工作流界面加入一个【联接数据表】

步骤二：在工作流界面中点击【联接数据表】，在右侧属性面板中"数据表 1"处输入"日记账单"，在数据表 2 处输入"银行账单"，在右侧属性面板中"输出"项下的"数据表"处输入"关联结果"，然后点击"变量"，展开变量编辑区域，如图 2-14 所示。

图 2-14　在【联接数据表】活动中填写相关内容

步骤三：点击变量编辑区域的创建变量处，在"名称"列输入"关联结果"，在"变量类型"列下拉选择"DataTable"，在"范围"列下拉选择"序列"，"默认值"列保持默认状态（空着），在属性面板处可以同步看到填写的内容，最后点击变量面板处的"变量"，收回变量编辑区域，如图 2-15 所示。

图 2-15　在变量编辑区域创建一个"关联结果"变量

项目2　RPA在财务中的应用——Excel篇

步骤四:点击设计主界面【联接数据表】活动中的"联接向导"进入,在"联接向导"弹框中将"联接类型"选为"Full",设置一系列联接条件""交易方"="交易方"","交易账号""="交易账号"、""借方金额"="贷方金额"",""贷方金额"="借方金额"",然后点击"确定",回到设计主界面,如图 2-16 所示。

图 2-16　在"联接向导"中填写相关内容

过程 4:机器人筛选两个账单差异化数据。

步骤一:在工作流界面中点击左侧活动面板的"活动",在上方搜索活动框中输入"筛选数据表",用鼠标左键按住控件【筛选数据表】拖曳到设计主界面内,如图 2-17 所示。

图 2-17　在工作流界面加入一个【筛选数据表】

步骤二:在工作流界面"筛选数据表"中点击"筛选器向导",如图 2-18 所示。

图 2-18 点击"筛选器向导"

步骤三:在"筛选器向导"对话框的"输入数据表"处输入"关联结果",然后在"输出数据表"处输入"筛选结果",在右侧属性面板中可以同步看到输入的内容,点击"确定",如图 2-19 所示。

图 2-19 在筛选器向导中填写相关内容

步骤四:点击变量编辑区域的"创建变量",在"名称"列输入"筛选结果",在"变量类型"列下拉选择"DataTable",在"范围"列下拉选择"序列","默认值"列保持默认状态(空着),在属性面板处可以同步看到填写的内容,最后点击"变量",如图 2-20 所示。

图 2-20　在变量编辑区域创建"筛选结果"变量

步骤五:点击设计主界面【筛选数据表】活动中的"筛选器向导",在"筛选器向导"弹框中勾选"行筛行模式"里面的"保留",设置一系列筛选条件""交易方"Is Empty Or"交易方_1"Is Empty"",然后点击"确定",回到设计主界面,如图 2-21 所示。

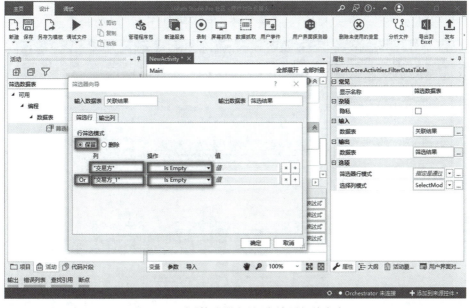

图 2-21　在"筛选器向导"中填写相关内容

过程 5:机器人保存数据至指定文件。

步骤一：在设计主界面中将右侧的滑动条拉到最下方，点击左侧活动面板的"活动"，在上方搜索活动框中输入写入范围，然后用鼠标左键按住控件【写入范围】拖曳到设计主界面内，如图2-22所示。

图2-22　在工作流界面加入一个【写入范围】

步骤二：在工作流界面【写入范围】活动中输入工作簿路径""D:日记账单与银行账单.xls""，在目标工作表名称处输入""关联结果""，在起始单元格处输入""A1""，在右侧属性面板的"数据表"处输入"关联结果"，最后将"添加标头"处勾选，如图2-23所示。

图2-23　在【写入范围】活动中填写相关内容

项目2　RPA在财务中的应用——Excel篇　43

步骤三：在工作流界面中点击左侧活动面板的"活动"，在上方搜索活动框中输入"写入范围"，然后用鼠标左键按住控件【写入范围】拖曳到设计主界面内，如图2-24所示。

图2-24　在工作流界面加入一个【写入范围】

步骤四：在工作流界面【写入范围】中输入工作簿路径""D:日记账单与银行账单.xls""，在目标工作表名称处输入""筛选结果""，在起始单元格处输入""A1""，在右侧属性面板处的"数据表"处输入"筛选结果"，将"添加标头"处勾选，最后在设计主界面中通过各种功能按钮适当调整设计主界面视图，如图2-25、图2-26所示。

图2-25　在【写入范围】活动中填写相关内容

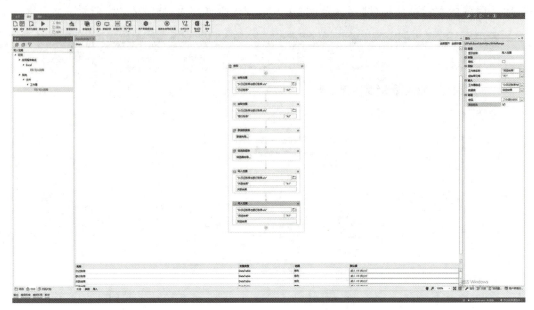

图 2-26　调整设计主界面视图

(三)程序运行

点击工作流界面左上角的"调试文件"按钮,运行程序文件,如图 2-27 所示。

图 2-27　运行程序文件

我们在计算机路径中可以看到原来的 Excel 文件中增加了"关联结果"和"筛选结果"两个表格,"筛选结果"中的内容即为日记账单和银行账单中存在差异的数据信息,如图 2-28 所示。

项目2　RPA在财务中的应用——Excel篇

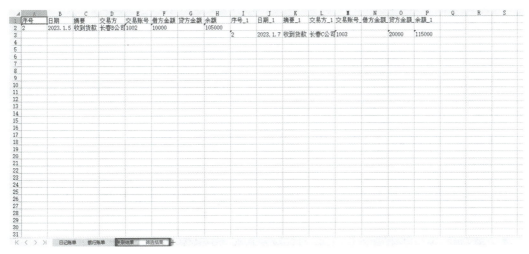

图 2-28　筛选结果

（四）文件保存

用鼠标左键点击工作流界面左上角的"保存"按钮，如图 2-29 所示。

图 2-29　保存界面

四、本节小结

(1)【Excel 应用程序范围】活动即打开一个 Excel 文件,为其他 Excel 活动提供应用程序基础。当该活动结束时,会关闭已打开的 Excel 文件。如果不存在指定文件,则会在项目所在文件夹中新建一个指定文件名称的 Excel 文件。

(2)【删除重复范围】活动的作用是从某个范围删除重复行,该活动仅在【Excel 应用程序范围】内有效。

①工作表名称:默认值为"sheet1",工作簿中的工作表名称,该字段仅支持字符串或字符串变量。

②范围:删除指定范围内重复的所有行,该字段仅支持字符串或字符串变量。

▶ 任务 4　数据查找机器人

本节目标

(1)掌握在 UiPath 软件中制作数据查找机器人的设计原理和操作流程。

(2)能够利用 UiPath 软件设计并制作运行数据查找机器人。

(3)提升利用 RPA 机器人解决现实问题的综合能力,培养动手操作能力和创新精神。

一、任务导入

有两个大学毕业生在聊毕业后会去哪个城市发展,现在就业地域偏好明显,想去北上广深等大城市的大学生占大多数。通过对 2020 全国北上广深等城市人口、劳动力就业人数进行比较,我们可以利用 UiPath 软件做个"数据查找机器人"来帮忙。如图 2-30、图 2-31、图 2-32 所示。

项目2 RPA在财务中的应用——Excel篇

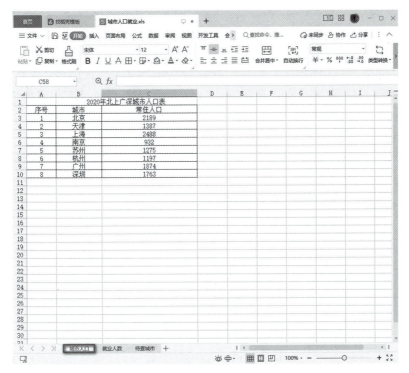

图2-30 城市人口

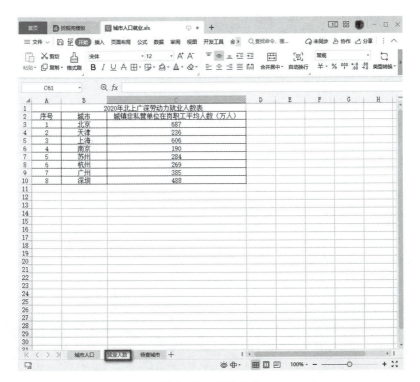

图2-31 就业人数

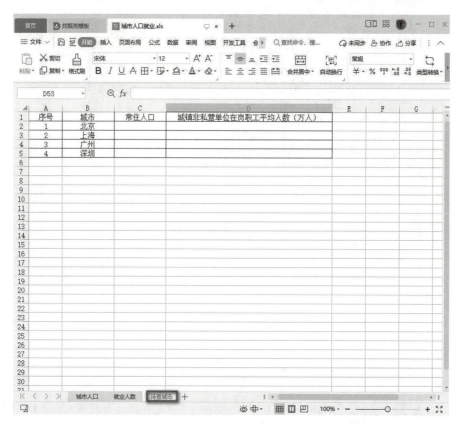

图 2-32 待查城市

二、任务分析与设计

我们借助如图 2-33 所示的流程图来分析这个案例,这个案例的逻辑方法其实很简单,只涉及"顺序",从开始到结束的整个过程都由机器人自动完成,主要过程如下:

(1)机器人读取"待查城市"工作表数据。

(2)机器人读取"城市人口"工作表数据。

(3)机器人读取"就业人数"工作表数据。

(4)机器人关联各个工作表数据。

(5)机器人筛选和排序查找结果。

(6)机器人保存数据至指定文件。

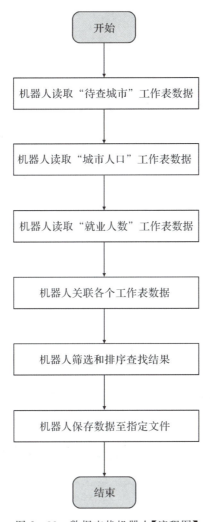

图 2-33 数据查找机器人【流程图】

三、任务实施

(一)操作准备

打开 UiPath 软件并在开始界面的新建项目处点"库";在弹出来的新建空白库对话框中更改"名称",将其改为"数据查找机器人",点击"创建",如图 2-34 所示。

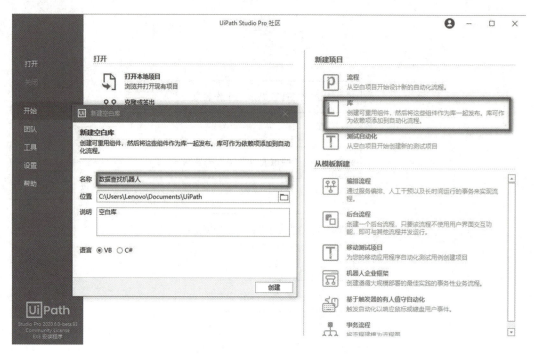

图 2-34　创建一个空白库并更改"名称"

点击左下侧活动面板中"项目",随后用鼠标左键双击"NewActivity.xaml",进入工作流界面,如图 2-35、图 2-36 所示。

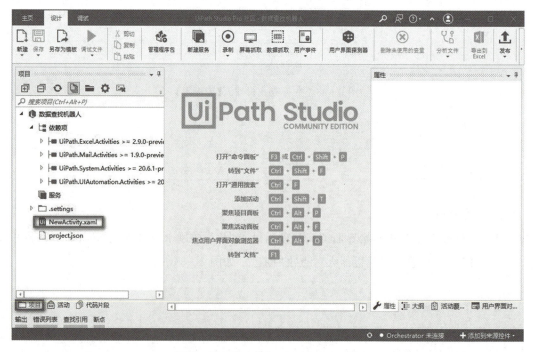

图 2-35　双击"NewActivity.xaml"

项目2　RPA在财务中的应用——Excel篇

图2-36　工作流界面

(二)程序制作

对照流程图,程序制作可以分为6个过程。

过程1:机器人读取"待查城市"工作表数据。

步骤一:在工作流界面中点击左侧活动面板的"活动",在上方搜索活动框中输入"读取范围",然后用鼠标左键按住控件【读取范围】拖曳到设计主界面内,如图2-37所示。

图2-37　在工作流界面加入一个【读取范围】

步骤二:在工作流界面【读取范围】中填写工作簿路径""D:\城市人口就业.xls"",填写工作表名称""待查城市"",在右侧属性面板"范围"处填写""A1:C10"",在右侧属性面板"数据表"处填写"待查城市",将右侧属性面板"添加标头"处勾选,然后点击"变量",展开变量编辑区域,如图2-38所示。

图2-38 在【读取范围】活动中填写相关内容

步骤三:点击变量编辑区域的创建变量处,在"名称"列输入"待查城市",在"变量类型"列下拉选择"DataTable",在"范围"列下拉选择"序列","默认值"列保持默认状态(空着),在属性面板可以同步看到填写的内容,最后点击"变量",收回变量编辑区域,如图2-39所示。

图2-39 在变量编辑区域创建一个"待查城市"变量

过程2：机器人读取"城市人口"工作表数据。

步骤一：在工作流界面中点击左侧活动面板的"活动"，在上方搜索活动框中输入"读取范围"，然后用鼠标左键按住控件【读取范围】拖曳到设计主界面内，如图2-40所示。

图2-40 在工作流界面继续加入一个【读取范围】

步骤二：在工作流界面【读取范围】中填写工作簿路径""D:\城市人口就业.xls""，填写工作表名称"城市人口"，在右侧属性面板中填写输入范围""A2:C10""，在右侧属性面板输出"数据表"处填写"城市人口"，将右侧属性面板"添加标头"处勾选上，然后点击"变量"，展开变量编辑区域，如图2-41所示。

图2-41 在【读取范围】活动中填写相关内容

步骤三：点击变量编辑区域的创建变量。在"名称"列输入"城市人口"，在"变量类型"列下拉选择"DataTable"，在"范围"列下拉选择"序列"，"默认值"列保持默认状态（空着），在属性面板可以同步看到填写的内容，最后点击"变量"，收回变量编辑区域，如图2-42所示。

图2-42　在变量编辑区域创建一个"城市人口"变量

过程3：机器人读取"就业人数"工作表数据。

步骤一：在工作流界面中点击左侧活动面板的"活动"，在上方搜索活动框中输入"读取范围"，用鼠标左键按住控件【读取范围】拖曳到设计主界面内，如图2-43所示。

图2-43　在工作流界面继续加入一个【读取范围】

项目2　RPA在财务中的应用——Excel篇

步骤二:在工作流界面【读取范围】中填写工作簿路径""D:\城市人口就业.xls"",填写工作表名称""就业人数"",在右侧属性面板中"范围"处输入"A2:C10",在右侧属性面板输出"数据表"处填写"就业人数",将右侧属性面板中"添加标头"处勾选上,点击"变量",展开变量编辑区域,如图2-44所示。

图2-44　在【读取范围】活动中填写相关内容

步骤三:点击变量编辑区域的创建变量处。在"名称"列输入"就业人数",在"变量类型"列下拉选择"DataTable",在"范围"列下拉选择"序列","默认值"列保持默认状态(空着),在属性面板可以同步看到填写的内容,最后点击变量面板处的"变量",收回变量编辑区域,如图2-45所示。

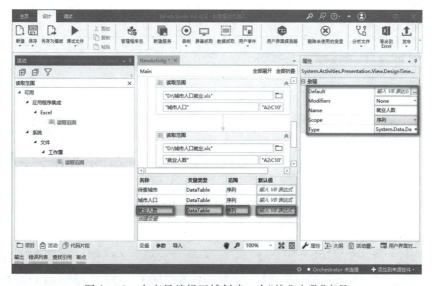

图2-45　在变量编辑区域创建一个"就业人数"变量

过程4:机器人关联各个工作表数据。

步骤一:在工作流设计主界面将滑动条拉到最下方,点击左侧活动面板的"活动",在上方搜索活动框中输入"联接数据表",用鼠标左键按住控件【联接数据表】拖曳到设计主界面内,如图2-46所示。

图2-46　在工作流界面继续加入一个【联接数据表】

步骤二:在工作流界面中点击【联接数据表】,在右侧属性面板中输入处的"数据表1"处输入"待查城市",在"数据表2"处输入"城市人口",在右侧属性面板中输出下的"数据表"处输入"待查城市",如图2-47所示。

图2-47　在【联接数据表】活动中填写相关内容

项目2　RPA在财务中的应用——Excel篇　57

步骤三:点击【联接数据表】活动中的"联接向导"。在"联接向导"弹框中将"联接类型"选为"Left",设置联接条件为""城市"＝"城市"",点击"确定",回到设计主界面,如图2-48所示。

图2-48　在"联接向导"中填写相关内容

步骤四:在工作流设计主界面将滑动条拉到最下方,点击左侧活动面板的"活动",在上方搜索活动框中输入"联接数据表",用鼠标左键按住控件【联接数据表】拖曳到设计主界面内,如图2-49所示。

图2-49　在工作流界面继续加入一个【联接数据表】

步骤五:在工作流界面中点击【联接数据表】,在右侧属性面板中输入下的"数据表1"处输入"待查城市",在数据表 2 处输入"就业人数",在右侧属性面板中输出下的"数据表"处输入"待查城市",如图 2-50 所示。

图 2-50　在【联接数据表】活动中填写相关内容

步骤六:点击"联接向导",在弹框中将"联接类型"选为"Full",设置一系列联接条件为""城市"＝"城市"",点击"确定",回到设计主界面,如图 2-51 所示。

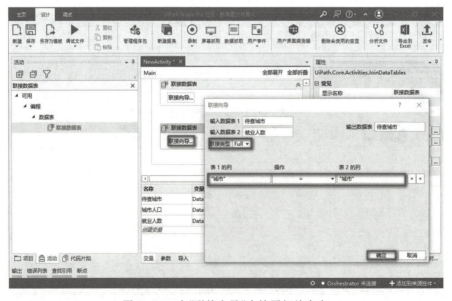

图 2-51　在"联接向导"中填写相关内容

过程 5:机器人筛选和排序查找结果。

项目2 RPA在财务中的应用——Excel篇

步骤一：在工作流设计主界面将滑动条拉到最下方，点击左侧活动面板的"活动"，在上方搜索活动框中输入"筛选数据表"，然后用鼠标左键按住控件【筛选数据表】拖曳到设计主界面内，如图2-52所示。

图2-52 在工作流界面加入一个【筛选数据表】

步骤二：在工作流界面【筛选数据表】活动中右侧属性中"输入"下的"数据表"处输入"待查城市"，然后在"输出"下的"数据表"处输入"查找结果"，如图2-53所示。

图2-53 在"筛选数据表"中填写相关内容

步骤三:点击变量编辑区域的创建变量,在"名称"列输入"查找结果",在"变量类型"列下拉选择"DataTable",在"范围"列下拉选择"序列","默认值"列保持默认状态(空着),在属性面板处可以同步看到填写的内容,如图2-54所示。

图2-54 在变量编辑区域创建"查找结果"变量

步骤四:点击设计主界面【筛选数据表】活动中的"筛选器向导",在"筛选器向导"弹框中选择"输出列",勾选"保留",设置一系列保留条件""序号""""城市""""常住人口""""城镇非私营单位在岗职工平均人数(万人)"",点击确定,如图2-55所示。

图2-55 在"筛选器向导"中填写相关内容

步骤五：在设计主界面中将右侧的滑动条拉到最下方，点击左侧活动面板的"活动"，在上方搜索活动框中输入"排序数据表"，用鼠标左键按住控件【排序数据表】拖曳到设计主界面内，如图 2-56 所示。

图 2-56　在工作流界面加入一个【排序数据表】

步骤六：在工作流界面【排序数据表】活动中右侧属性面板排序列下的"名称"处输入""序号""，"输入"下的"数据表"处输入"查找结果"，"输出"下的"数据表"处输入"查找结果"，如图 2-57 所示。

图 2-57　在【排序数据表】中填写相关内容

过程6:机器人保存数据至指定文件。

步骤一:在设计主界面中将右侧的滑动条拉到最下方,点击左侧活动面板的"活动",在上方搜索活动框中输入"写入范围",然后用鼠标左键按住控件【写入范围】拖曳到设计主界面内,如图2-58所示。

图2-58　在工作流界面加入一个【写入范围】

步骤二:在工作流界面【写入范围】中输入工作簿路径""D:\城市人口就业.xls"",在"目标"下的"工作表名称"处输入""查找结果"",在"起始单元格"处输入"A1:D5",在输入数据表处输入"查找结果",将右侧属性面板"添加标头"处勾选上。最后,在设计主界面中通过各种功能按钮适当调整设计主界面视图,如图2-59、图2-60所示。

图2-59　在【写入范围】中填写相关内容

图 2-60　完整程序图

四、本节小结

（1）【读取范围】活动即将电子表格中以"范围 Excel 格式"存在的范围值读取为数据表，如果未指定范围，则读取整个电子表格，如果将范围指定为某个单元格，则从该单元格开始读取整个电子表格。

（2）【写入范围】活动即从起始单元格开始，将数据表中的数据写入电子表格中，如果未指定起始单元格，则从 A1 单元格开始写入。

（3）将 String 类型的数字转换为 Int32 类型，可以使用 System.Int32.parse(Value)，其中 Value 为 String 类型，待转换的数字字符中不能带小数点。

项目 3　RPA 在财务中的应用——E-mail 篇

学习目标

(1)了解 RPA 在人机交互中的应用;掌握在 UiPath 软件中制作发送邮件机器人的设计原理和操作流程;掌握在 UiPath 软件中制作读取邮件机器人的设计原理和操作流程。

(2)能够利用 UiPath 软件设计并制作运行发送邮件机器人;能够利用 UiPath 软件设计并制作运行读取邮件机器人。

(3)通过发送邮件机器人和读取邮件机器人两个案例展示 RPA 在人机交互中的应用,培养学生举一反三、灵活应用的独立思考和主动探究能力,提升学生利用 RPA 等新技术解决现实问题的综合能力,培养学生爱岗敬业和勇于创新的职业精神。

任务 5　RPA 操作 E-mail 的环境准备

本节目标

(1)了解网页 E-mail 与 E-mail 客户端之间的传输方式。

(2)掌握开启 SMTP、POP3 传输协议的方式,并开通自己 QQ 邮箱的 SMTP、POP3 传输协议,获取授权码。

(3)了解 RPA 操作 E-mail 的相关知识。

一、E-mail 的发展和应用现状

E-mail 使人们可以在任何时间、任何地点交换信息,大大提高了信息交换效率,极大地方便了人与人之间的沟通与交流。E-mail 被广泛用于政府、企业、教育等行业的各类应用环境中,促进了社会的发展。在大量实际业务环境中,许多业务流程都是由接收 E-mail 或发送 E-mail 来触发的。

如今在这个机器人流程自动化广泛应用的时代,RPA 将 E-mail 的读取、下载及发送进行

自动化处理的特性可以在这种任务场景中大放异彩,帮助我们准确、及时、高效地处理 E-mail 的相关任务。下面通过对 UiPath 软件中有关 E-mail 的活动进行讲解,介绍 RPA 是怎样实现 E-mail 应用的自动化。

二、相关知识

1. SMTP

简单邮件传输协议(Simple Mail Transfer Protocol,SMTP)是一组用于由源地址到目的地址传送邮件的规则,由它来控制信件的中转方式。SMTP 协议簇属于 TCP/IP 协议簇,它帮助每台计算机在发送或中转信件时找到下一个目的地。

SMTP 协议跟大多数应用层协议一样,也存在两个客户端,在发信人的邮件服务器上执行的客户端和在收信人的邮件服务器上执行的服务器端。SMTP 的客户端和服务器端同时运行在每个邮件服务器上。当一个邮件服务器在向其他邮件服务器发送邮件消息时,它是作为 SMTP 客户在运行。

SMTP 协议与人们用于面对面交互的礼仪之间有许多相似之处,SMTP 客户和服务器先执行一些应用层握手操作,就像人们在转手东西之前往往先自我介绍那样,SMTP 客户和服务器也在传送信息之前先自我介绍一下。在这个 SMTP 握手阶段,SMTP 客户向服务器分别指出发信人和收信人的电子邮件地址。彼此自我介绍完毕之后,客户发出邮件消息。

2. POP3

邮局协议版本 3(Post Office Protocol - Version 3,POP3)是 TCP/IP 协议簇中的一员,由 RFC1939 定义。本协议主要用于支持使用客户端远程管理在服务器上的电子邮件。提供了 SSL 加密的 POP3 协议被称为 POP3S。

POP 协议支持离线邮件处理。其具体过程是:邮件发送到服务器上,电子邮件客户端调用邮件客户机程序以连接服务器,并下载所有未阅读的电子邮件。这种离线访问模式是一种存储转发服务,将邮件从邮件服务器端送到个人终端机器上,一般是 PC 机或 MAC。一旦邮件发送到 PC 机或 MAC 上,邮件服务器上的邮件将会被删除。但 POP3 邮件服务器大都可以只下载邮件,服务器端并不删除。

3. IMAP

邮件访问协议(Internet Mail Access Protocol,IMAP)以前称作交互邮件访问协议。它的主要作用是邮件客户端(如 MS Outlook Express),可以通过这种协议从邮件服务器上获取邮件的信息、下载邮件等。IMAP 协议运行在 TCP/IP 协议之上,默认的端口是 143。它与 POP3 协议的主要区别是用户可以不用把所有的邮件全部下载,可以通过客户端直接对服务器上的邮件进行操作。

温馨提示:出于安全等因素考虑,绝大多数 E-mail 服务商会在开通账户时,默认关闭了这些协议。RPA 程序就相当于一种客户端,为了使用 RPA 来发送和接收 E-mail,就必须要先开启这些协议。

三、任务实施

(一)开启 POP3/SMTP 服务

在使用邮箱的 POP3、MAP 和 SMTP 功能前,需要对邮箱进行设置。下面以 QQ 邮箱为例说明设置方法。其他邮箱的设置可以参照该方法。

步骤一:打开 QQ 邮箱首页,输入账号、密码,登录邮箱。

步骤二:如图 3-1 所示,点击"设置—账户",向下拖动页面至"POP3/IMAP/SMTP/Exchange/CardDAV/CalDAV 服务"位置。

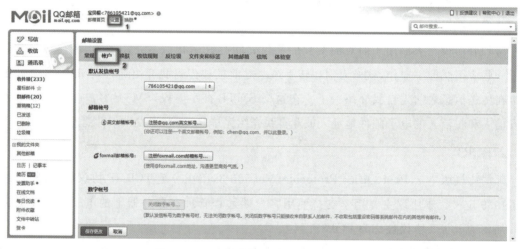

图 3-1　QQ 邮箱选择"设置"下的"账户"

步骤三:选择 POP3/SMTP 服务,单击"开启",如图 3-2 所示。

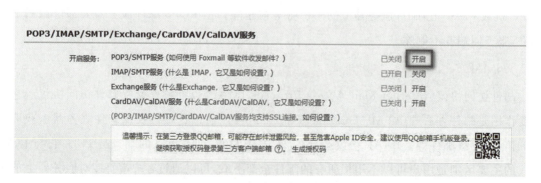

图 3-2　将"POP3/SMTP 服务"开启

弹出提示窗口,通过绑定的密保手机编辑短信"配置邮件客户端",发送至 1069070069,如图 3-3 所示。

图 3-3 【验证密保】对话框

发送完毕后,单击右下角"我已发送",会弹出一个 16 位的授权码窗口。请记住该授权码,后续在使用 UiPath 设计邮件的收发时,需要使用此授权码代替邮箱登录密码。

图 3-4 开启"POP3/SMTP 服务"授权码

温馨提示:①授权码是给客户端使用的,用户登录 E-mail 网站仍然使用原用户密码。②QQ 邮箱其他服务协议的开启方法可以参照 POP3/SMTP 服务协议的开启过程。

(二)安装 E-mail 插件

在设计主界面直接检索"邮件(或 mail)",如图 3-5 所示,表明已安装。

图3-5 在设计主界面检索【邮件】

若没有检索到,单击工具栏上的【管理程序包】,在"所有程序包"中搜索"mail",单击下载按钮,安装"UiPath.Mail.Activities(邮件插件)",如图3-6所示。

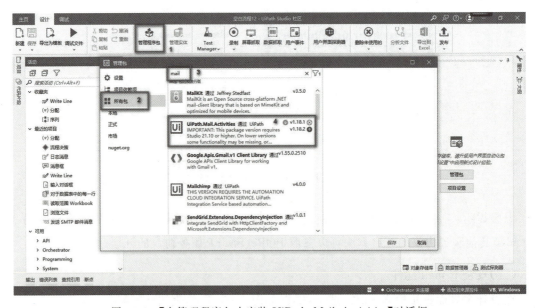

图3-6 【在管理程序包中安装 UiPath.Mail.Activities】对话框

在UiPath软件的活动面板中搜索"邮件",可以得到很多与邮件相关的活动,这些活动大致可以归纳为五类,分别是获取消息、发送消息、移动消息、删除消息及通用活动(保存附件、保存邮件消息)。

四、本节小结

(1)在操作网页E-mail时需要通过一定的协议,如SMTP(发送邮件)、POP3(接收邮件)、IMAP(接收邮件)。

(2)默认情况下邮件传输协议是关闭的,在用客户端之前,要手动开启邮件传输协议,通常在登录之后,在"设置"选项卡中开启。

(3)在使用RPA操作E-mail之前,也要开启邮件传输协议。

任务6 发送邮件机器人

本节目标

(1)掌握【发送SMTP邮件消息】的作用及使用方法。
(2)根据特定的业务场景,梳理人工流程,根据人工流程设计RPA流程。
(3)开发"发送邮件机器人",快速完成给多个收件人发送邮件的工作。

一、任务导入

财务部会在年初收取本年度各部门的预算收支明细表,如果向每个部门单独发送邮件,会增加工作任务量。若有一个能发送邮件的机器人存在,就可以提高工作效率,减少发送邮件的时间。师生共同设计一个"发送邮件机器人",具体要求如下:

任务:给自己发送一封邮件。
主题:预算收支明细表。
正文:这是由RPA发送的邮件。
附件:销售部预算收支明细表;采购部预算收支明细表。

二、任务分析与设计

借助图3-7所示的流程图来分析这个案例,这个案例的逻辑方法其实很简单,只涉及"顺序",从开始到结束的整个过程都由机器人自动完成,主要过程有以下几步:

(1)输入账号、密码、登录邮箱。

(2)输入收件人账号、主题、正文。

(3)点击"添加附件",选择两个附件文件。

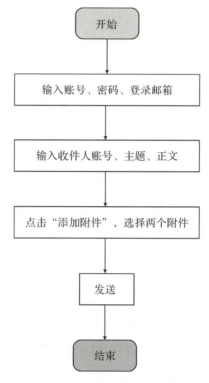

图 3-7 发送邮件机器人流程图

三、任务实施

(一)发送邮件机器人

在项目"RPA 在财务中的应用——E-mail 篇"中新建序列"发送邮件机器人",添加【发送 SMTP 邮件消息】,设置相关活动属性,完成开发任务。

步骤一:新建序列,名称为"发送邮件机器人",如图 3-8 所示。

项目3　RPA在财务中的应用——E-mail篇

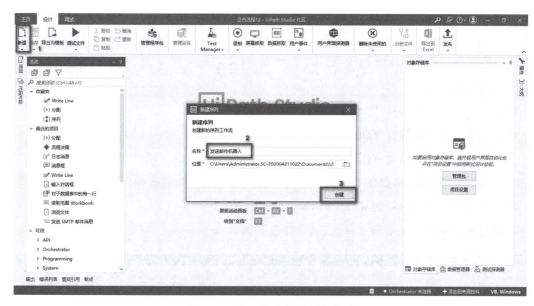

图3-8　在工作流界面新建序列

步骤二：在工作流界面中点击左侧的"活动"，在搜索活动框中输入"smtp"，然后用鼠标左键按住控件【发送SMTP邮件消息】拖曳到设计主界面内，如图3-9所示。

图3-9　在设计主界面加入一个【发送SMTP邮件消息】

步骤三:点击【发送 SMTP 邮件消息】对话框,在属性处需要修改以下内容,如图 3-10 所示。

服务器名称:"smtp.qq.com";

端口:465;

收件人目标:"786105421@qq.com";

电子邮件主题:"预算收支明细表";

电子邮件正文:"这是由 RPA 发送的邮件";

登录电子邮件:输入自己的 QQ 邮箱账号,例如"786105421@qq.com";

登录密码:填写授权码,例如"sfvwhrhrgrrebdca";

注意此时的引号应在半角下录入,显示红色字体。

图 3-10 【发送 SMTP 邮件消息】属性设置

找到需要上传附件的位置,例如应将"销售部预算收支明细表"和"采购部预算收支明细表"两张表格上传至邮箱,选中"销售部预算收支明细表",单击鼠标右键,复制文件所在位置,如图 3-11 所示。

项目3　RPA在财务中的应用——E-mail篇　73

图3-11　需要发送文件的位置

点击附件后面的三个点,粘贴文件位置,同时将文件名称附在位置后,注意此时文件后缀要带着。例如""C:\Users\Administrator.SC－202004211022\Desktop\财务机器人教材\实验4.2:业务资料\实验4.2:业务资料\销售部预算收支明细表.xlsx"",如图3-12所示。

图3-12　附件位置

注意：每一个文件的位置均不同，应以自己文件位置为准。

步骤四：在工具栏中点击调试文件和运行文件，此时邮箱中就会收到邮件，如图3-13所示。

图3-13 【QQ收件箱】对话框

(二)优化"发送邮件机器人"流程

上述设计的机器人，在输入附件的"文件路径"时，文件路径被固定；发件人的邮箱账号、密码如果被写入机器人当中，会降低机器人的灵活性。因此我们可以在刚刚设计的机器人基础上优化流程。

1.添加附件

方法一：使用活动【选择文件】(Select File)，输出的变量即为单个文件的路径。

方法二：使用活动【选择文件夹】(Select Folder)，创建文件夹变量；在使用活动【分配】与表达式Directory.Getfiles(文件夹变量)，获取附件文件集合(string[ ])。

2.填写邮箱账号、密码

使用活动【输入对话框】(Input Dialog)，由用户在机器人运行时输入邮箱账号、密码。

3.任务实施

步骤一：在工作流界面中点击左侧的"活动"，在上方搜索活动框中填写输入"Select File"，用鼠标左键按住控件【Select File】拖曳到"SMTP"上方，同时添加两个。选中第一个【Select File】，在属性中，在"选择的文件"处创建变量"file1"。如图3-14所示，选中第二个【Select

File】,在属性中,将输出选择文件更改创建变量"file2"。

图 3-14 在设计主界面加入一个【选择文件】

步骤二:在工作流界面中点击左侧的"活动",在上方搜索活动框中输入"Input Dialog",用鼠标左键按住控件【Input Dialog】拖曳至"选择文件"上方,同时添加两个。点击第一个【Input Dialog】,更改以下信息:

"标题"更改为""自动发送邮件"";"标签"更改为""请输入账号名称"";"输出"下的"结果"更改为"qq 账号",如图 3-15 所示。

选中第二个【Input Dialog】,标签更改为""请输入密码"",标题更改为""自动发送邮件"",输出结果更改为创建变量"qqpswd"。

图 3-15 在设计主界面加入一个【输入对话框】

步骤三：选中【发送 SMTP 邮件消息】，在属性中"登录"下的"电子邮件"处输入"qq 账号"，"密码"处输入"qqpswd"，如图 3-16 所示。

图 3-16 【发送 SMTP 邮件消息】属性设置

将附件中第三列的值分别更改为"file1""file2"，如图 3-17 所示。

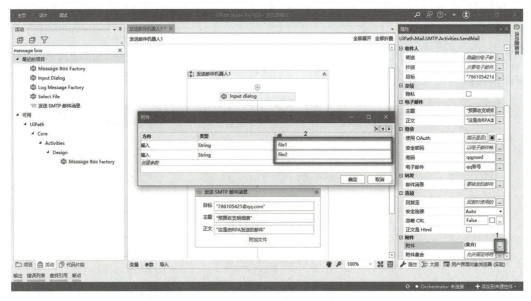

图 3-17 【发送 SMTP 邮件消息】附件设置

步骤四：在设计主页面中搜索"Message Box"，文本处输入""发送完毕""，如图 3-18 所示。

项目3　RPA在财务中的应用——E-mail篇

图3-18　在设计主界面加入一个【消息框】

步骤五：运行文件。在弹出的"请输入账号名称"下输入自己的QQ邮箱账号，在弹出的"请输入密码"下输入密码，如图3-19所示。

图3-19　【自动发送邮件】对话框

在弹出的"Select File"对话框中，选中要发送的文件，如图3-20所示。

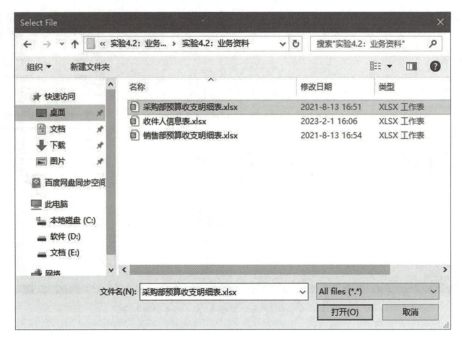

图 3 – 20 【Select File】对话框

此时会弹出"发送完毕",同时在 QQ 邮箱中即可收到文件,如图 3 – 21 所示。

图 3 – 21 【发送完毕】对话框

四、本节小结

(1)使用【发送 SMTP 邮件消息】活动时要设置必填的参数:

①服务器名称、端口(Int32 类型,无需双引号);

②收件人 E-mail 地址;

③发件人 E-mail 地址,登录密码(授权码)。

(2)添加邮件附件需要填写的是附件文件的路径,可以是字符串(单个附件),也可以是字符串集合(多个附件)。

任务 7　读取邮件机器人

本节目标

(1) 掌握【获取 POP3 邮件消息】和【保存附件】的作用及使用方法。
(2) 根据特定的业务场景,梳理人工流程,根据人工流程设计 RPA 流程。
(3) 开发完成"读取邮件机器人"。

一、任务导入

财务部在收到各部门发送的预算收支明细表后,如果每一封都确认并且下载附件的话,工作量较为繁重。既然有能发送邮件的机器人,那么也可以制作读取邮件的机器人,提高工作效率。本任务为设计一个"读取邮件机器人"。

资料情况:收到了各部门发送的主题为"＊＊部门预算收支明细表"的邮件。任务:将所有部门预算收支明细表下载到"RPA 在财务中的应用——E-mail 篇(附件)"文件夹中。

二、任务分析与设计

读取邮件机器人的流程图如图 3-22 所示,从开始到结束的整个流程可以表述如下:
(1) 输入账号、密码、登录邮箱。
(2) 点击收件箱。
(3) 打开第 1 封主题包含"预算收支明细表"的邮件。
(4) 下载附件到指定文件夹。
(5) 打开第 2 封主题包含"预算收支明细表"的邮件。
(6) 下载附件到指定文件夹。

通过观察可以发现,判断和下载每一封主题包含"预算收支明细表"邮件的动作都相同,我们可以让机器人循环执行对每一封邮件的动作,直至全部完成。

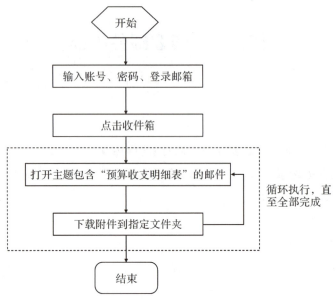

图 3-22 读取邮件机器人流程

三、任务实施

(一) 相关知识

1. 获取 POP3 邮件消息

在项目"RPA 在财务中的应用——E-mail 篇"中新建序列,命名为"获取 POP3 邮件消息"。添加活动【获取 POP3 邮件消息】,获取自己邮箱当中的邮件信息,创建变量"mails"来存储获取的邮件信息。添加【日志消息】,输出第 2 封邮件的主题。

步骤一:在设计主页面中,新建【序列】,名称为"获取 POP3 邮件消息"。

步骤二:在工作流界面中点击左侧的"活动",在上方搜索活动框中填写输入获取 POP3 邮件消息,然后用鼠标左键按住控件【获取 POP3 邮件消息】拖曳到设计主界面内,在属性中更改以下内容。

服务器:"pop.qq.com";

端口:110;

密码:"sfvwhrhrgrrebdca";

电子邮件:自己的邮箱账号,例如"786105421@qq.com";

消息:mails;

顶部:5;

如图 3-23 所示。

项目3　RPA在财务中的应用——E-mail篇

图 3-23　在设计主界面加入一个【获取 POP3 邮件消息】并更改信息

步骤三：在工作流界面中点击左侧的"活动"，在搜索框中输入"log message"，用鼠标左键按住控件【日志消息】拖曳至"获取 POP3 邮件消息"下方。"日志级别"为"Info"，"消息"为"mails(1).subject"，如图 3-24 所示。

图 3-24　在设计主界面加入一个【日志消息】

步骤四：调试文件，即可查看邮箱中的邮件，如图 3-25 所示。

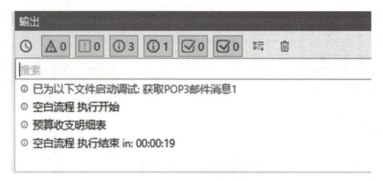

图 3-25　在主界面中【获取邮件消息】

如果是获取邮箱中的 5 封邮件,需要在此基础上按以下步骤修改以下内容。

步骤一:在工作流界面中点击左侧的"活动",在搜索框中输入"遍历循环",用鼠标左键按住控件【遍历循环】拖曳至"日志消息"下方,在"输入"处填写"mails",如图 3-26 所示。

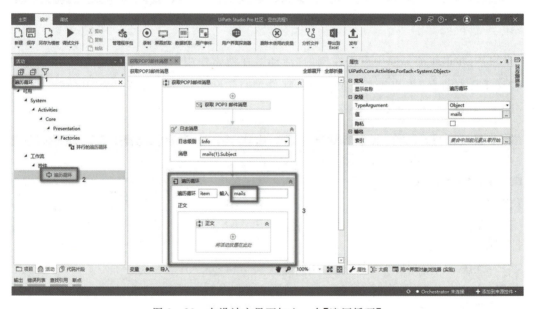

图 3-26　在设计主界面加入一个【遍历循环】

选中"遍历循环",选择"浏览类型",在"类型名称"处输入"mailmessage",选中"mailmessage",如图 3-27 所示。

项目3　RPA在财务中的应用——E-mail篇

图3-27　在"遍历循环"中设置浏览类型

步骤二：在工作流界面中点击左侧的"活动"，搜索"日志消息"，用鼠标左键按住控件【日志消息】拖曳至"正文"内，"日志级别"为"info"，消息为"item.subject"，如图3-28所示。

图3-28　在"遍历循环"中加入一个【日志消息】

步骤三：调试文件，机器人会获取邮箱中前5封邮件，如图3-29所示。

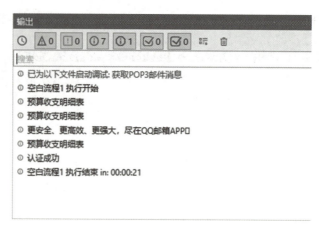

图 3-29 获取 5 封邮件

2. 保存附件

保存附件,将邮件消息中的附件保存至指定文件夹;如果该文件夹不存在,则需要自行创建;如果未指定任何文件夹,则下载内容会保存至项目文件夹中,指定文件夹中与附件同名的文件将被覆盖。

任务:在"获取 POP3 邮件信息"的基础上,删除【日志消息】,添加【保存附件】。获取邮箱当中前 5 封邮件的附件,并将这些附件保存至文件夹内。

步骤一:将"正文"内的【日志消息】删除,如图 3-30 所示。

图 3-30 删除【日志消息】

步骤二:在工作流界面中点击左侧的"活动",在上方搜索活动框中填写"保存附件",用鼠标左键按住控件【保存附件】拖曳至"正文"内,邮件信息为"item",如图 3-31 所示。

图 3-31 在"正文"内加入一个【保存附件】

在 D 盘建立文件夹,名称为"保存附件",在【保存附件】中点击三个点,选择文件夹位置,如图 3-32 所示。

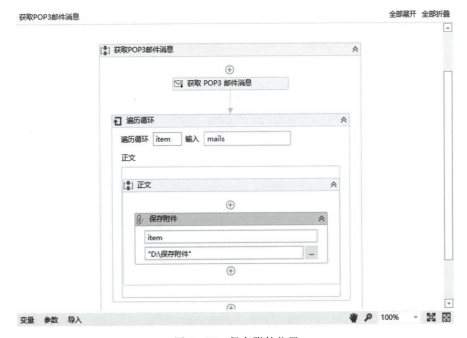

图 3-32 保存附件位置

步骤三:运行文件,机器人会将邮箱中前 5 封邮件的附件下载至对应文件夹中。

(二)程序制作

在【保存附件】机器人的基础上,完成"批量下载邮件附件机器人"的开发。

步骤一:点击工作流界面左侧的"活动",在上方搜索活动框中输入"message box",用鼠标左键按住控件【消息框】拖曳至"获取 POP3 邮件消息"上方,文本内容为""请选择保存附件的文件夹"",如图 3-33 所示。

图 3-33 在设计主界面加入一个【消息框】

步骤二:点击工作流界面左侧的"活动",在上方搜索活动框中输入"select folder",用鼠标左键按住控件【选择文件夹】拖曳至"消息框"下方,选中【选择文件夹】,在右侧属性中将"输出"下的"选择文件夹"更改为"folder_附件",如图 3-34 所示。

图 3-34 在设计主界面加入一个【选择文件夹】

步骤三:点击工作流界面左侧的"活动",在搜索框中输入"Input Dialog",用鼠标左键按住控件【输入对话框】拖曳至"选择文件夹"下方,增加两个【输入对话框】。

选中第一个对话框,更改以下信息:"标题"更改为""批量下载附件"";"标签"更改为""请输入账号"";"输出"下的"结果"更改为"qq账号",如图3-35所示。

图3-35 第一个【输入对话框】属性设置

选中第二个对话框,更改以下信息:"标题"更改为""批量下载附件"";"标签"更改为""请输入授权码"";"输出"下的"结果"更改为"qqpswd",如图3-36所示。

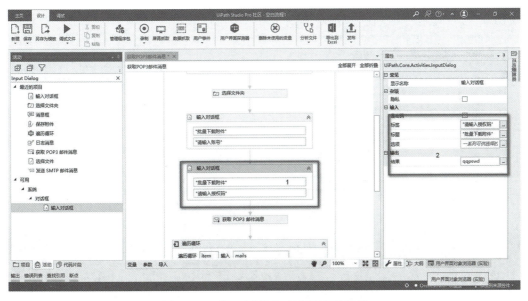

图3-36 第二个【输入对话框】属性设置

步骤四：选中【获取POP3邮件消息】，在右侧属性中更改以下内容：将"电子邮件"更改为"qq账号"；"密码"更改为"qqpswd"；"顶部"更改为"30"，如图3-37所示。

图3-37 【获取POP3邮件消息】属性设置

步骤五：点击工作流界面左侧的"活动"，在上方搜索活动框中输入"if"，用鼠标左键按住控件【IF条件】条件拖曳至"正文"内，输入"item. Subject. Contains("预算收支明细表")"，如图3-38所示。

图3-38 在"正文"内加入一个【IF条件】

步骤六:将【保存附件】中内容更改为"folder 附件",如图 3-39 所示。

图 3-39　【保存附件】对话框

步骤七:点击工作流界面左侧的"活动",在上方搜索活动框中输入"message box",用鼠标左键按住控件【消息框】拖曳至最下方,文本内容为""全部完成"",如图 3-40 所示。

图 3-40　在设计主界面加入一个【消息框】

步骤八:运行文件。在弹出的消息框"请选择保存附件的文件夹"中点击"确定",如图 3-41 所示。

图 3-41 【请选择保存附件的文件夹】消息框

在【浏览文件夹】对话框中找到文件下载所在位置,如图 3-42 所示。

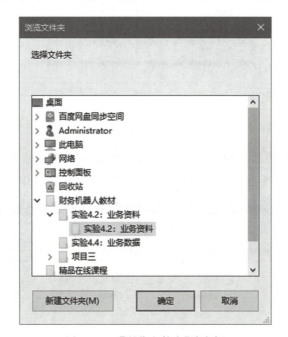

图 3-42 【浏览文件夹】消息框

在弹出的【批量下载附件】对话框中输入 qq 账号,如图 3-43 所示。

图 3-43 【批量下载附件】对话框-输入账号

在弹出的【批量下载附件】对话框中输入授权码,如图3-44所示。

图3-44 【批量下载附件】对话框-输入授权码

点击"确定"会弹出"全部完成"消息框。此时机器人会将邮箱内的邮件批量下载至文件夹内,如图3-45所示。

图3-45 【全部完成】消息框

四、本节小结

(1)使用POP3收取邮件时要设置的参数:①服务器名称、端口(Int类型,无需双引号);②收件人E-mail地址,登录密码(授权码);③创建变量,将收取的邮件信息赋值给该变量。

(2)获取的邮件信息通常有许多条,要使用【遍历循环】,针对每一条邮件信息进行对应的操作。

(3)在获取指定条件的邮件的需要使用【IF】条件进行判断,在对符合条件的邮件信息进行操作。

项目 4　RPA 在财务中的应用——Web 篇

学习目标

(1) 了解 RPA 在人机交互中的应用；掌握在 UiPath 软件中制作抓取信息机器人的设计原理和操作流程；掌握在 UiPath 软件中制作获取文件信息机器人的设计原理和操作流程。

(2) 能够利用 UiPath 软件设计并制作运行抓取信息机器人；能够利用 UiPath 软件设计并制作运行获取文件信息机器人。

(3) 通过抓取信息机器人和获取文件信息机器人两个案例展示 RPA 在人机交互中的应用，培养学生举一反三、灵活应用的独立思考和主动探究能力，提升学生利用 RPA 等新技术解决现实问题的综合能力，培养学生爱岗敬业和勇于创新的职业精神。

任务 8　访问数据前的环境准备

本节目标

(1) 了解 Web 的发展和应用现状。
(2) 掌握打开浏览器扩展程序的方法。

一、Web 的发展和应用现状

浏览器是用来检索、展示，以及传递 Web 信息资源的应用程序，如火狐浏览器、IE 浏览器、360 浏览器等。浏览器是人们使用互联网应用的最重要的工具，浏览器已经成为每台计算机的标配软件之一，几乎每个人每天的工作、学习、生活、娱乐都离不开浏览器。由于大量实际业务是互联网应用类型的(电子商务、电子政务、信息获取、交流互动、网络娱乐等)，这就意味着实现了对浏览器操作的自动化就相当于实现了对这些相关业务的自动化。

二、任务实施

方法一：打开 UiPath 软件，在"主页"左侧单击"工具"，在 UiPath 扩展程序中单击"Chrome"。在弹出的对话框中单击"确定"，如图 4-1 所示。

图 4-1 在 UiPath 中安装 Chrome

方法二：打开"设置"，点击"扩展程序"，启动"UiPath Web Automation"。（其他浏览器的扩展程序位置可能不同，可以找"拓展程序""拓展"等字样），如图 4-2 所示。

图 4-2 在 UiPath 中启动"UiPath Web Automation"

任务 9　信息抓取机器人

本节目标

（1）掌握【打开浏览器】、【输入信息】、【单击】、【数据抓取】等活动的作用及使用方法。

（2）根据特定的业务场景梳理人工流程，根据人工流程设计 RPA 流程。

（3）开发完成"抓取信息机器人"。

一、任务导入

财务部的会计小张看到刚入职的出纳小李正在搜索租房信息，租房平台上有太多条件，小李一一查看较为浪费时间。因此小张提出，小李应该制作信息抓取机器人，即可快速汇总房屋信息，能够迅速准确定位自己满意的房源。

二、任务分析与设计

任务分析：在"https://cc.58.com/"中搜索"北京"地区的"租房"相关信息，复制每一条租房信息中价格、租赁方式、房屋类型、所在小区、所在区域、详细地址等 5 项内容到 Excel 工作簿中。

抓取信息机器人的流程图如图 4-3 所示，从开始到结束的整个流程可以表述如下：

（1）打开网页；

（2）选择"北京"地区；

（3）输入"租房"；

（4）点击"搜索"；

（5）依次复制需要的 5 项信息；

（6）粘贴至 Excel 工作簿。

项目4　RPA在财务中的应用——Web篇

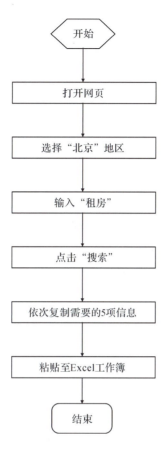

图 4-3　抓取信息机器人流程图

三、任务实施

(一)相关知识

通过本内容的学习,理解各活动的作用与使用方法,以便在学习过程中灵活运用各种活动。

1.【打开浏览器】

(1)【打开浏览器】即使用指定的浏览器,打开指定的网址,如图 4-4 所示。

图 4-4　【打开浏览器】对话框

（2）新建项目"Web"；新建序列，命名为"Web 练习 1"，添加活动【打开浏览器】，在 URL 中输入"www.chinaacc.com"，浏览器类型设置为"Chrome"。运行当前流程文件，查看运行的结果。

步骤一：打开 UiPath 软件并在开始界面的新建项目处点击"流程"，在弹出来的【新建空白流程】对话框中更改"名称"为"Web"。点击"创建"按钮，如图 4-5 所示。

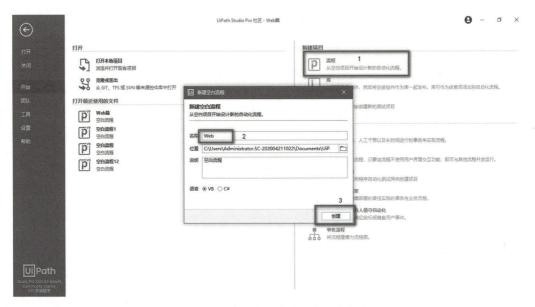

图 4-5　创建一个空白流程并更改名称

步骤二：新建序列，更改"名称"为"Web 练习 1"，点击"创建"按钮，如图 4-6 所示。

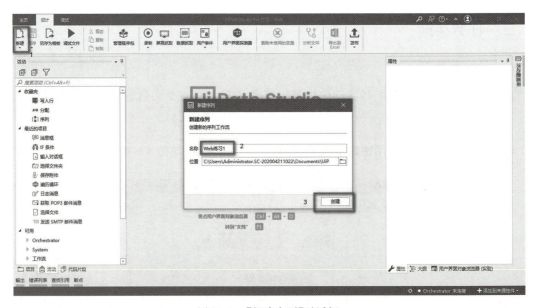

图 4-6　【新建序列】对话框

步骤三:点击工作流界面左侧的"活动",在搜索框中输入"Open Browser",然后用鼠标左键按住控件【打开浏览器】拖曳到设计主界面内,选中【打开浏览器】,在右侧的属性内进行修改,在"URL"中输入""www.chinaacc.com""。

图 4-7　在设计主界面加入一个【打开浏览器】

步骤四:运行文件。此时机器人会自动打开 Chrome 浏览器,并显示"www.chinaacc.com"的网页。

2.【单击】

(1)单击是模拟鼠标单击、双击,即平时手动点鼠标的动作。以"www.chinaacc.com"页面为例,在点击"元素"时,UiPath 会自动最小化,显示出网页界面,用鼠标指出目标即可(目标会变色),如图 4-8 所示。

图 4-8　【单击】对话框

（2）在序列"Web 练习 1"上一步流程的基础上，在【打开浏览器】中添加【单击】，指明网页中"继续教育"元素。运行当前流程文件，查看运行的结果。

步骤：点击工作流界面左侧的"活动"，然后在上方搜索活动框中输入"click"，然后用鼠标左键按住控件【单击】，拖曳"打开浏览器"内，点击"指明浏览器中的元素"，在网页中点击"继续教育"，如图 4-9 所示。

图 4-9　在设计主界面加入一个【单击】

3.【输入信息】

（1）【输入信息】即在指定的位置自动输入文本信息，如图 4-10 所示。

图 4-10　【输入信息】对话框

项目4 RPA在财务中的应用——Web篇

(2)在项目"Web"中新建序列,命名为"Web练习2",添加【打开浏览器】活动,在URL中输入"www.baidu.com",浏览器类型设置为"BrowserType.Chrome"。添加【输入信息】活动,输入""新闻"";添加【单击】活动,点击"百度一下"。运行当前流程,查看运行的结果。

步骤一:在项目"Web"中新建序列,"名称"为"Web练习2",点击"创建"按钮,如图4-11所示。

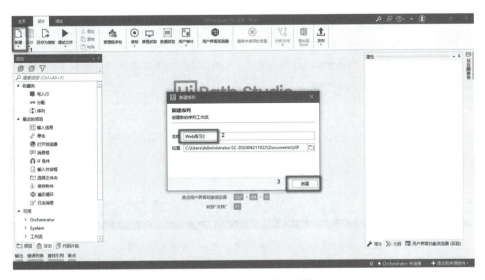

图4-11 【新建序列】对话框

步骤二:点击工作流界面左侧的"活动",在上方搜索活动框中输入"打开浏览器",用鼠标左键按住控件【打开浏览器】拖曳至"⊕"处,选中"打开浏览器"对话框,在右侧"URL"中输入""www.baidu.com"",浏览器类型设置为"BrowserType.Chrome",如图4-12所示。

图4-12 在设计主界面加入一个【打开浏览器】

步骤三:点击工作流界面左侧的"活动",在上方搜索活动框中输入"输入信息",用鼠标左键按住控件【输入信息】拖曳至"打开浏览器"内,输入""新闻"",如图4-13所示。

图4-13 在设计主界面加入一个【输入信息】

步骤四:点击工作流界面左侧的"活动",在上方搜索活动框中输入"Click",用鼠标左键按住控件【单击】拖曳至"打开浏览器"内,点击"指明浏览器中的元素",在网页中点击"百度一下",如图4-14所示。

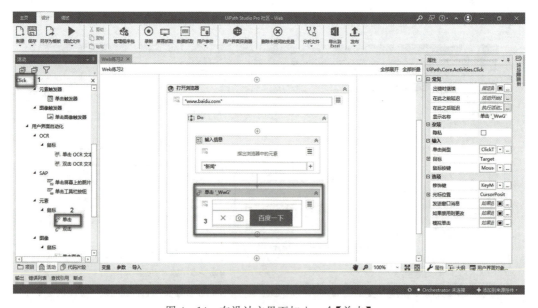

图4-14 在设计主界面加入一个【单击】

项目4　RPA在财务中的应用——Web篇

步骤五：运行文件。机器人会自动打开"Chrome"，并自动在"百度"网页内完成对"新闻"的自动检索，如图4-15所示。

图4-15　"新闻"网页

4．"数据抓取"功能

(1)"数据抓取"功能是指将浏览器、应用程序或文档中的结构化数据提取至数据表中，如图4-16所示。

图4-16　"数据抓取"功能

(2)在序列"Web 练习 2"上一步流程的基础上,添加"数据抓取"功能,抓取 100 条搜索出来的关于"新闻"的信息。添加【写入范围】活动,在工作簿路径中输入"新闻.xlsx",在数据表中输入上一年产生变量"ExtractDataTable"。运行当前流程文件,打开项目 Web"所在的文件夹,打开"新闻.xlsx",查看运行的结果。

步骤一:保证"新闻"网页处于打开状态,点击工具栏上的"数据抓取"功能,在弹出的对话框【提取向导】中,单击"下一步",如图 4-17 所示。

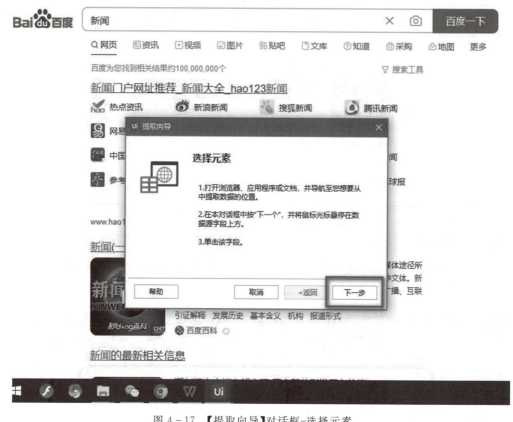

图 4-17 【提取向导】对话框-选择元素

选择网页中的第一条有关"新闻"词条,在弹出的第二个"提取向导"对话框中,点击"下一步",点击页面中第二条有关"新闻"词条,在弹出的第三个"提取向导"对话框中,点击"下一步",如图 4-18 所示。

项目4 RPA在财务中的应用——Web篇

图 4-18 【提取向导】对话框-配置列

此时机器人会将网页中所有关于"新闻"都选中,点击"完成"按钮,如图 4-19 所示。

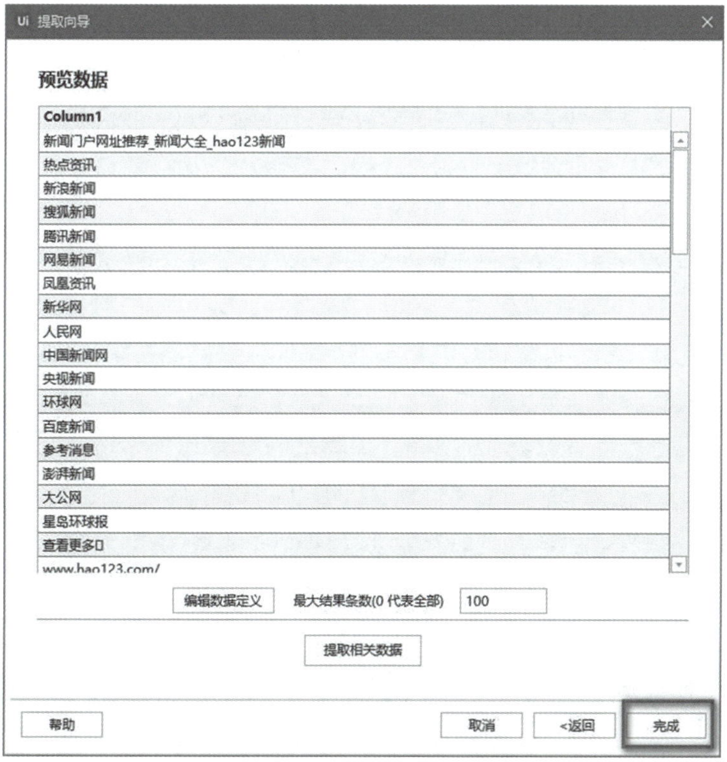

图 4-19 【提取向导】对话框-预览数据

在弹出的【指出下一个链接】对话框中,点击"是",选择页面中"下一页"按钮,如图 4－20 所示。

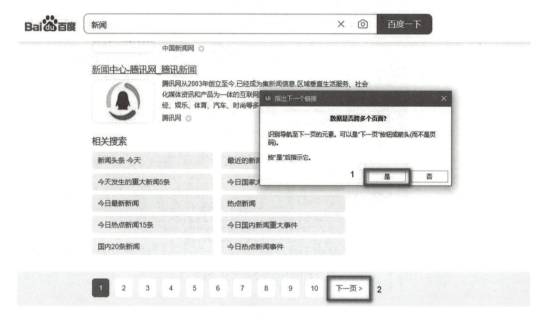

图 4－20 【指出下一个链接】对话框

此时 UiPath 软件页面的显示内容如图 4－21 所示。

图 4-21　UiPath 软件页面的显示内容

选中【数据抓取】对话框,点击"变量"按钮,"范围"更改为"Web 练习 2",如图 4-22 所示。

图 4-22 【数据抓取】对话框

步骤二:搜索"写入范围",将工作簿下的【写入范围】拖曳至"⊕"内,文本信息填写""新闻.xlsx"",在右侧属性面板中的"数据表"中输入"ExtractDataTable",在属性中勾选"添加标头",如图 4-23 所示。

图 4-23 【写入范围】对话框

步骤三:运行文件。机器人会自动打开 Chrome 浏览器,自动在百度网页内完成对关键词

项目4　RPA在财务中的应用——Web篇　　107

"新闻"的自动检索,同时会自动提取网页中的100条新闻信息,并将其保存在"新闻.xlsx"中。此时在项目中进行刷新,即可看到"新闻.xlsx",如图4-24所示。

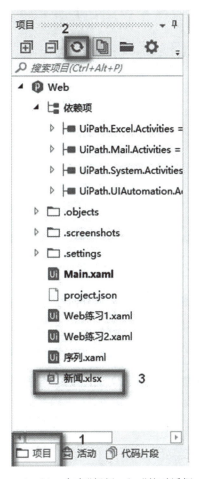

4-24　含有"新闻.xlsx"的对话框

(二)程序制作

步骤一:新建序列,名称为"抓取信息机器人",点击"创建"按钮,如图4-25所示。

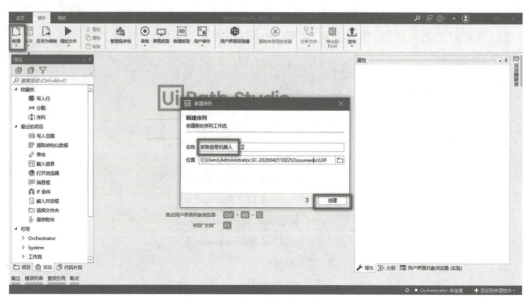

图 4-25 【新建序列】对话框

步骤二:点击工作流界面左侧的"活动",在搜索框中输入"输入对话框",用鼠标左键按住控件【输入对话框】拖曳到设计主界面内,选中"输入对话框",在右侧的属性中修改以下内容:标签改为""请输入您想要抓取的信息"";"结果"改为"hometitle",如图 4-26 所示。

图 4-26 在设计主界面加入一个【输入对话框】

步骤三:点击工作流界面左侧的"活动",在搜索框中输入"打开浏览器",用鼠标左键按住控件【打开浏览器】拖曳至【输入对话框】下方,选中"打开浏览器",在右侧的属性中修改以下内容:

项目4　RPA在财务中的应用——Web篇　　109

"URL"更改为""https://cc.58.com/"";浏览器类型为"BrowserType.Chrome",如图 4-27 所示。

图 4-27　在设计主界面加入一个【打开浏览器】

步骤四:运行文件,在弹出的对话框中输入"租房"。机器人会自动打开网页,如图 4-28 所示。

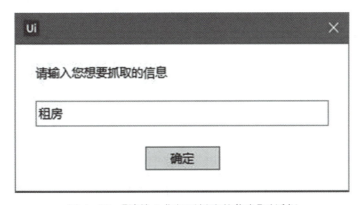

图 4-28　【请输入您想要抓取的信息】对话框

步骤五:点击工作流界面左侧的"活动",在上方搜索活动框中输入"单击",然后用鼠标左键按住控件【单击】拖曳至"Do"内,增加两个【单击】。

在第一个"单击"内点击"指出浏览器中的元素",将鼠标落至"切换城市"。

在第二个"单击"内点击"指出浏览器中的元素",将鼠标落至"北京",如图 4-29 所示。

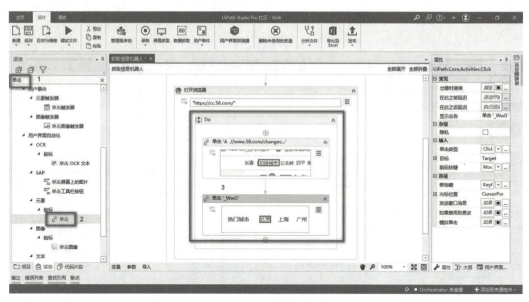

图 4-29　在设计主界面加入【单击】

步骤六:运行文件,保证网页中打开"北京"页面。在工作流界面中点击左侧的"活动",在上方搜索活动框中输入"输入信息",用鼠标左键按住控件【输入信息】拖曳至【单击】下方,点击"指出浏览器中的元素",将鼠标落至搜索框内,文本内容为"hometitle",如图 4-30 所示。

图 4-30　在设计主界面加入一个【输入信息】

步骤七:点击工作流界面左侧的"活动",在搜索活动框中输入"单击",然后用鼠标左键按住控件【单击】拖曳至"输入信息"下方,点击"指出浏览器中的元素"将鼠标落至"搜索",如图 4-

31 所示。

图 4-31 在设计主界面加入一个【单击】

步骤八：网页处于打开状态，点击工具栏上的【数据抓取】，在弹出的对话框【提取向导】中点击"下一步"，如图 4-32 所示，再选中第一条租房信息名称。

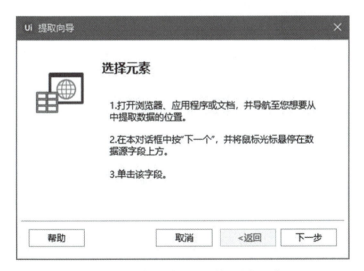

图 4-32 【提取向导】对话框-选择元素

在弹出的对话框【提取向导】中点击"下一步"，如图 4-33 所示，再选中第二条租房信息名称。

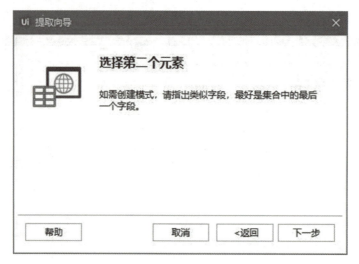

图 4-33 【提取向导】对话框-选择第二个元素

在弹出的对话框【提取向导】中,将"文本列名称"更改为"房屋名称",点击"下一步",如图 4-34 所示。

图 4-34 【提取向导】对话框-房屋名称

在弹出的对话框【提取向导】中,点击"提取相关数据",如图 4-35 所示。

项目4　RPA在财务中的应用——Web篇

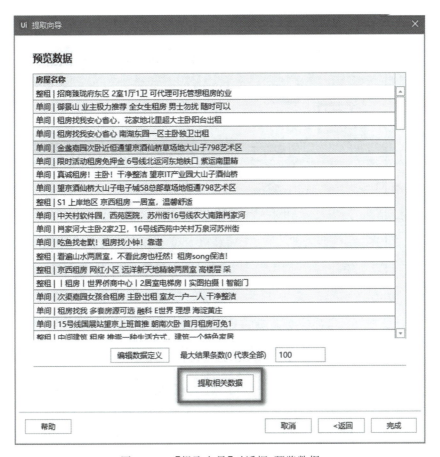

图 4－35　【提取向导】对话框-预览数据

以此类推,第二个"文本列名称"为"房屋价格",如图 4－36 所示。

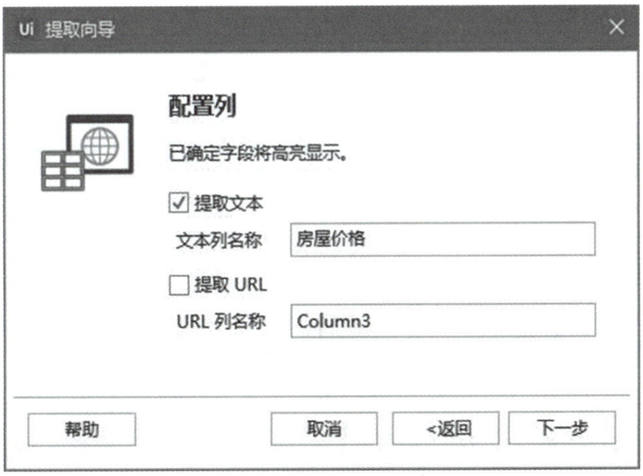

图 4－36　【提取向导】对话框-房屋价格

第三个"文本列名称"为"房屋地区",如图 4-37 所示。

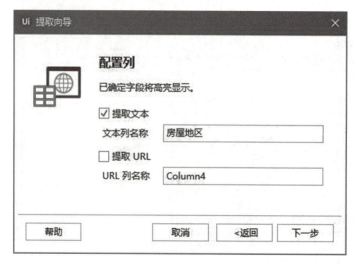

图 4-37 【提取向导】对话框-房屋地区

第四个"文本列名称"为"小区名称",如图 4-38 所示。

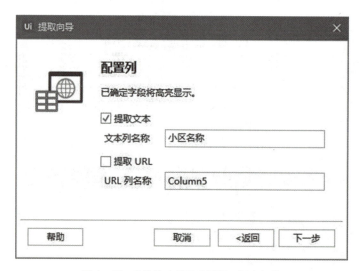

图 4-38 【提取向导】对话框-小区名称

第五个"文本列名称"名称为"房屋格局",如图 4-39 所示。

项目4　RPA在财务中的应用——Web篇

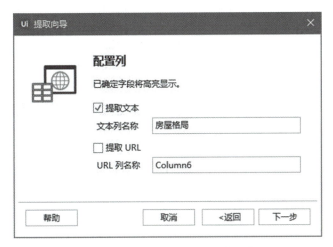

图 4-39　【提取向导】对话框-房屋格局

在弹出的"提取向导"对话框中,点击"完成",如图 4-40 所示。

图 4-40　【提取向导】对话框-预览数据

在弹出的"指出下一个链接"对话框中点击"是",同时点击"下一页",如图 4-41 所示。

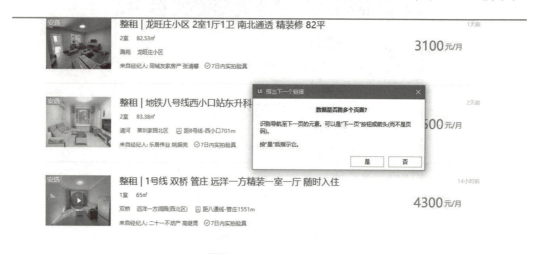

图 4-41　指出下一个链接

选中"数据抓取",点击"变量",将"范围"更改为"抓取信息机器人",如图 4-42 所示。

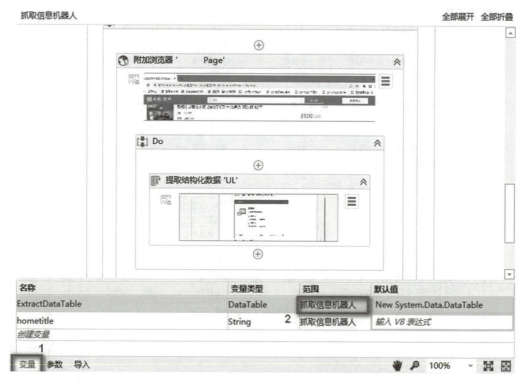

图 4-42　将范围改为"抓取信息机器人"

步骤九：点击工作流界面左侧的"活动"，在活动搜索框中填写"写入范围"，然后用鼠标左键按住控件【写入范围】拖曳至【数据抓取】下方，文本内容更改为""抓取信息机器人.xlsx""，数据表为"ExtractDataTable"，如图4-43所示。

图4-43　在设计主界面加入一个【写入范围】

步骤十：点击工作流界面左侧的"活动"，在活动搜索框中填写"消息框"，用鼠标左键按住控件【消息框】拖曳至【写入范围】下方，文本内容更改为""抓取信息完毕""，如图4-44所示。

图4-44　在设计主界面加入一个【消息框】

步骤十一：运行文件。此时在项目中进行刷新，即可看到抓取信息机器人表格。

四、本节小结

(1)在使用【单击】或【输入信息】时，需要指定屏幕中的元素。在指定过程中，可以使用 F2 延迟指定、F3 指定区域等方式进行选择。

(2)数据抓取功能在设计选项卡的工具栏中，只可以抓取结构化的数据，会自动生成 DataTable 类型的变量。

任务 10 获取文件信息机器人

本节目标

(1)掌握【附加浏览器】、【获取文本】等活动的作用及使用方法。
(2)根据特定的业务场景，梳理人工流程，根据人工流程设计 RPA 流程。
(3)开发完成"获取文件信息机器人"

一、任务导入

在北京工作的会计小张想要报考高级会计师，登录北京市财政局网站，查看最新的报名政策解读，并以最近一条政策解读的标题为文件名称。该条政策解读的正文为文件内容，将文件保存到项目文件夹中。

二、任务分析与设计

获取文件信息机器人的流程，从开始到结束的整个流程可以表述如下：
(1)输入北京市财政局网址。
(2)依次单击"专题栏目""会计职称考试业务""北京市财政局关于 2023 年度北京市会计专业技术初高级资格考试报名及有关事项的通知"。
(3)获取标题、正文。
(4)生成数据文件。

三、任务实施

步骤一：打开 UiPath 软件并在开始界面的新建项目处点击"流程"，在弹出来的"新建空白流程"对话框中更改"名称"为"获取文件信息机器人"，点击"创建"，如图 4-45 所示。

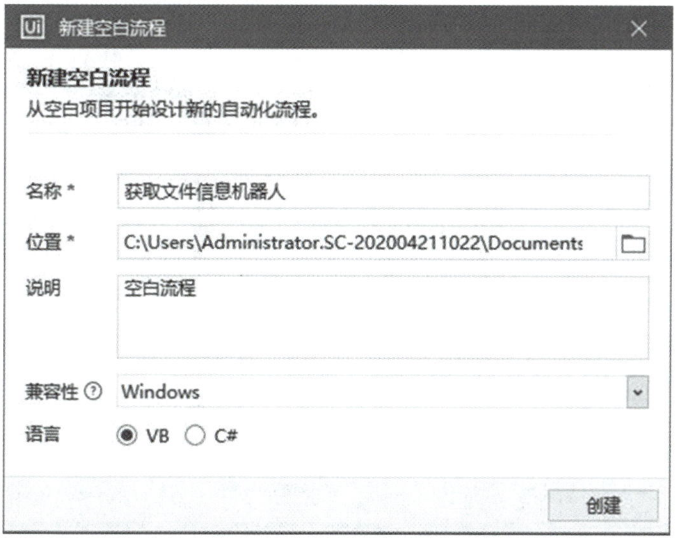

项目4　RPA在财务中的应用——Web篇

图4-45　【新建空白流程】对话框

步骤二:新建序列,序列名称为"获取文件信息机器人",如图4-46所示。

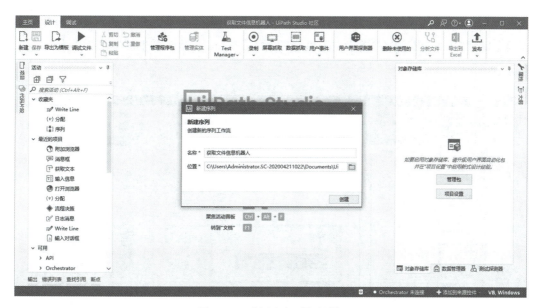

图4-46　【新建序列】对话框

步骤三:点击工作流界面左侧的"活动",在搜索框中输入"打开浏览器",然后用鼠标左键按住控件【打开浏览器】拖曳到设计主界面内,选中【打开浏览器】,在右侧属性中更改以下内容:

URL更改为""http://czj.beijing.gov.cn/"",浏览器类型更改为"BrowserType. Chrome",如图4-47所示。

图 4-47　在设计主界面加入一个【打开浏览器】

步骤四：运行文件，将"http://czj.beijing.gov.cn/"打开。

步骤五：点击工作流界面左侧的"活动"，在搜索框中输入"单击"，然后用鼠标左键按住控件【单击】拖曳到"执行"内，点击"指出浏览器中的元素"按钮，选择网页中的"专题栏目"，如图4-48所示。

图 4-48　在设计主界面加入一个【单击】

步骤六：点击工作流界面左侧的"活动"，在搜索框中输入"附加浏览器"，用鼠标左键按住控件【附加浏览器】拖曳到"单击"下方，点击"指出浏览器中的浏览器"，选择"专题栏目"网页，如图

项目4　RPA在财务中的应用——Web篇

4-49所示。

图4-49　在设计主界面加入一个【附加浏览器】

步骤七：点击工作流界面左侧的"活动"，在搜索框中输入"单击"，用鼠标左键按住控件【单击】拖曳到"单击"下方，点击"指出浏览器中的元素"按钮，选择网页中的"会计职称考试业务"，如图4-50所示。

图4-50　在设计主界面加入一个【单击】活动

步骤八：点击工作流界面左侧的"活动"，在搜索框中输入"单击"，用鼠标左键按住控件【单击】拖曳到"单击"下方，点击"指出浏览器中的元素"按钮，选择网页中的"北京市财政局关于

2023年度北京市会计专业技术初高级资格考试报名及有关事项的通知",如图4-51所示。

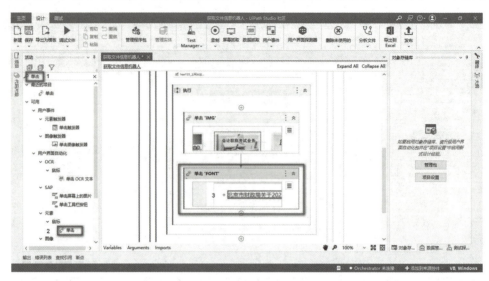

图4-51 在设计主界面加入一个【单击】

步骤九:点击工作流界面左侧的"活动",在搜索框中输入"附加浏览器",用鼠标左键按住控件【附加浏览器】拖曳到"单击"下方,点击"指出浏览器中的浏览器"按钮,选择网页中的"北京市财政局关于2023年度北京市会计专业技术初高级资格考试报名及有关事项的通知",如图4-52所示。

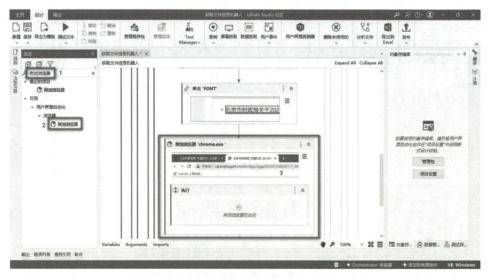

图4-52 在设计主界面加入一个【附加浏览器】

步骤十:点击工作流界面左侧的"活动",在搜索框中输入"获取文本",用鼠标左键按住控件【获取文本】拖曳到"附加浏览器"的"执行"内,添加两个【获取文本】,依次点击"指出浏览器中的元素"按钮,选择"标题"和"正文"两个元素,并在属性中分别设置参数内容,设置值为"通知标题"和"通知",如图4-53所示。

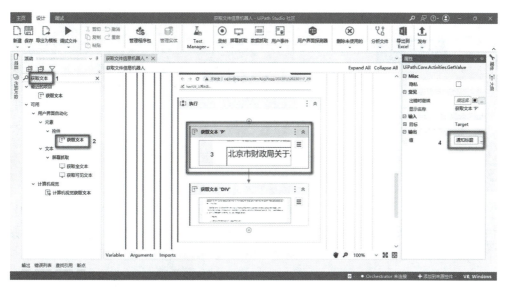

图4-53 在设计主界面加入两个【获取文本】

步骤十一:点击工作流界面左侧的"活动",在搜索框中输入"写入文本文件",然后用鼠标左键按住控件【写入文本文件】拖曳到"获取文本"的下方,设置文本处为"通知";写入文件名处为"通知标题+".docx"",如图4-54所示。

图4-54 在设计主界面加入一个【写入文本文件】

步骤十二:单击运行,待程序运行完毕后,会在项目文件夹中出现一个Word文件,名称为"北京市财政局关于2023年度北京市会计专业技术初高级资格考试报名及有关事项的通知",打开该文件,可以看到政策解读的正文内容。

项目 5 RPA 财务机器人综合实战

学习目标

（1）了解 RPA 在人机交互、Excel、E-mail、Web 等场景中的综合应用；掌握在 UiPath 软件中制作课程综合实训机器人的设计原理和操作流程；了解 RPA 课程在"岗课赛证"等方面的前景。

（2）能够利用 UiPath 软件设计并制作运行课程综合实训机器人；能够搜索并获取与 RPA 相关的更多学习资源。

（3）通过课程综合实训机器人案例展示 RPA 在 Excel、E-mail、Web 场景中的综合应用，培养学生举一反三、灵活应用的独立思考和主动探究能力，提升学生利用 RPA 等新技术解决现实问题的综合能力，培养学生爱岗敬业和勇于创新的职业精神。

任务 11　采购到付款业务

本节目标

（1）学习如何构建数据表。

（2）掌握如何利用 UiPath 软件获取付款申请单中的数据、自动登录网银系统、将付款信息录入网上银行系统指定位置。

（3）会应用和开发网银付款机器人。

一、任务导入

什么是网银付款机器人？网银付款机器人是对企业日常经营管理过程中的付款业务进行自动化处理的财务机器人。企业各类支出项目繁多，付款业务频繁，通过对付款业务规则的梳理，发现明确的规则，调整和完善付款流程，运用财务机器人自动化处理，将极大提高工作效率。

二、任务分析与设计

我们可以把网银付款机器人业务流程按照以下几个步骤进行分析：

①通过网银付款机器人批量下载邮箱附件；

②打开浏览器，自动登录网上银行页面；

③自动输入账号、密码，单击登录；

④自动单击企业单笔付款模块；

⑤根据下载的付款申请单，自动构建所有付款的数据表（或直接调用Excel表格中的内容）；

⑥判断对方收款银行是否为本企业的付款银行；

⑦"是"：自动输入（收款账号、收款户名、汇款金额、摘要信息）；

⑧"否"：自动选择其他银行，自动输入（收款账号、收款户名、汇款金额、摘要信息）；

⑨自动单击保存、确定；

⑩自动重复⑥⑦⑧⑨的动作，弹出信息框：输入完成。

三、任务实施

网银付款机器人的流程设计和开发可由"获取付款申请单中的数据""自动登录网银付款系统""将付款信息录入网上银行系统指定位置"三部分构成。

下面将对每个部分涉及的开发步骤进行详细介绍。

1. 获取付款申请单中的数据

获取付款申请单中的数据是流程设计和开发的第一个部分，如图5-1所示。

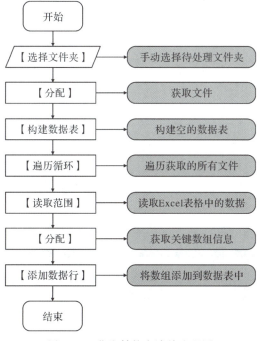

图5-1 获取付款申请单流程图

步骤一：新建空白流程，更改名称为"网银付款机器人"。打开主工作流后，输入"浏览文件夹"。在活动面板中搜索并添加"浏览文件夹"至设计面板，在"选择的文件夹"处创建变量"files"以存储选择的文件夹路径，如图5-2至5-4所示。

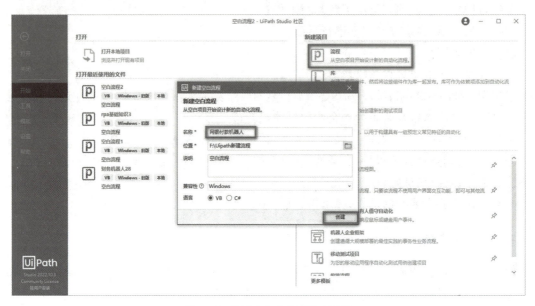

图5-2 【新建空白流程】对话框

图5-3 搜索"浏览文件夹"

项目5 RPA财务机器人综合实战

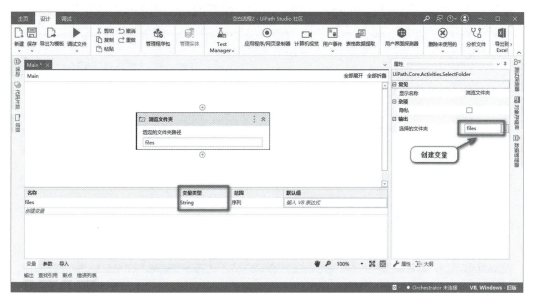

图 5-4 添加【浏览文件夹】

步骤二：添加【分配】。在活动面板中搜索"分配"添加至【浏览文件夹】下方，在属性面板设置参数内容，在"至变量"处创建变量"files_name"；"设置值"处为"Directory.GetFiles(files,"*")"，如图 5-5、图 5-6 所示。

图 5-5 搜索"分配"

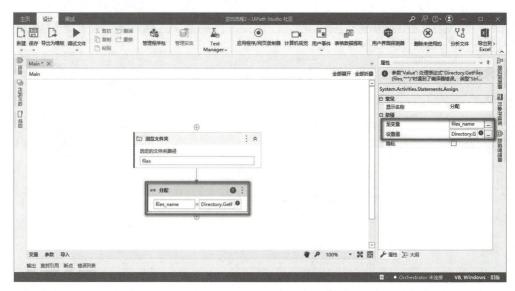

图 5-6　添加【分配】

表达式"Directory.GetFiles(String path,"*")"是指返回指定目录中文件的完整路径。参数 1(String path)在本任务中指选取的文件夹(即变量 files),参数 2("*")为通配符,指文件夹下的所有文件。

在输入表达式"Directory.GetFiles(files,"*")"之后,【分配】右上角出现红色叹号,表明该活动并未设置正确,将鼠标移动到红色感叹号上可以看到提示处理表达式"Directory.GetFiles(files,"*")"时遇到了编译器错误,表明变量"files_name"的数据类型错误,将其设置为"String",如图 5-7、图 5-8 所示。

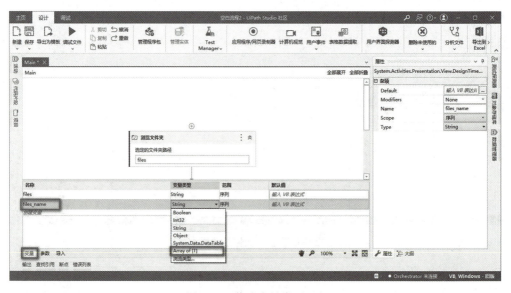

图 5-7　修改变量类型(1)

项目5 RPA财务机器人综合实战

图 5-8 修改变量类型(2)

步骤三：添加【构建数据表】。在活动面板中搜索"构建数据表"添加至【分配】下方，单击"数据表"按钮，删除非空白数据行设置所需付款信息的列名称，"收款人""开户行""银行账号""付款总额""付款原因及说明"，数据类型均为"String"，如图 5-9 至图 5-11 所示。

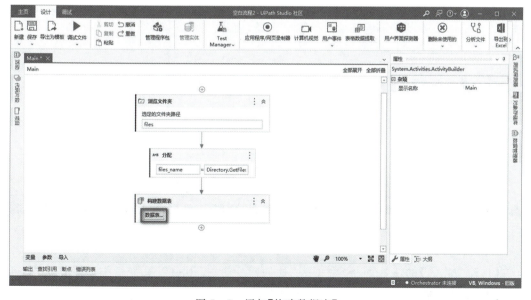

图 5-9 添加【构建数据表】

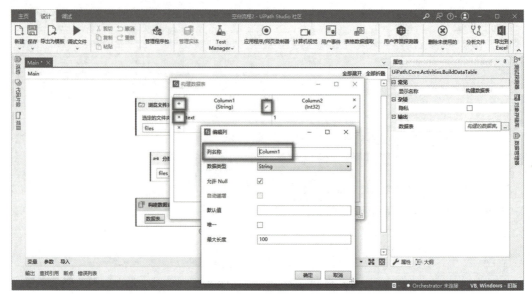

图 5-10　删除列名称

图 5-11　修改数据表信息

在【构建数据表】的属性面板"数据表"处创建变量"Table1",其变量类型默认为"DataTable",如图 5-12 所示。

项目5 RPA财务机器人综合实战

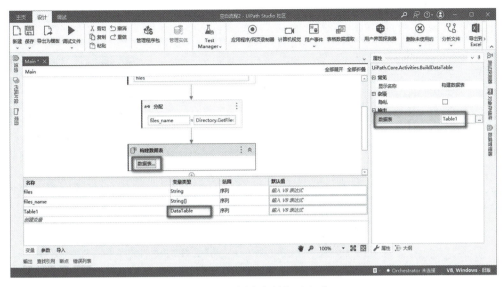

图 5-12　创建变量"Table1"

步骤四：读取 Excel 表格中所需的付款信息并写入构建的数据表中。在活动面板中搜索"遍历循环"添加至【构建数据表】下方，在其属性面板设置参数内容，设置"项目列表"处为变量"files_name"；"TypeArgument"处为"String"，如图 5-13 所示。

图 5-13　添加【遍历循环】对话框

在活动面板中搜索工作簿条目下的"读取范围"添加至【遍历循环】的"正文"中，设置"工作簿路径"为"item"；"工作表名称"为""Sheet1""；"范围"处为空；"添加标头"处不勾选；在"数据表"处创建变量"files_information"，来存储读取的文件内容信息，如图 5-14 所示。

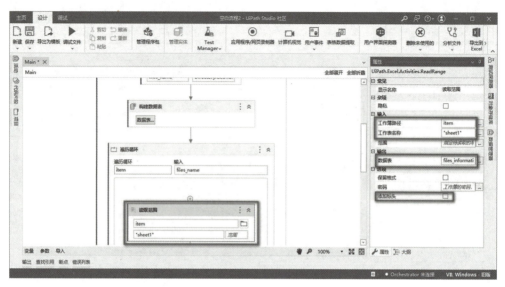

图 5-14　添加【读取范围】对话框

在活动面板中搜索"分配"添加至【读取范围】下方,输入"{files_information.rows(9)(1).ToString,files_information.rows(10)(1).ToString,files_information.rows(11)(1).ToString,files_information.rows(12)(1).ToString,files_information.rows(14)(1).ToString}",至变量为"付款信息",将"付款信息"的数据类型设置为"String[]"如图 5-15 所示。

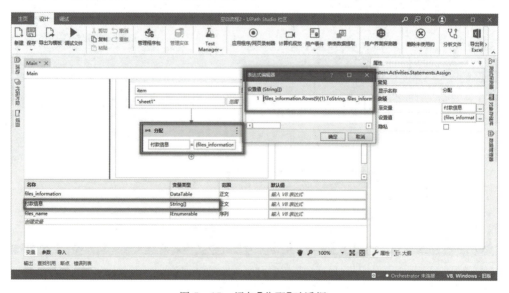

图 5-15　添加【分配】对话框

在活动面板中搜索"添加数据行"添加至【分配】下方,将"数据表"设置为"Table1",将"数组行"设置为"付款信息",如图 5-16 所示。

项目5 RPA财务机器人综合实战

图 5-16 【添加数据行】对话框

2. 自动登录网银付款系统

自动登录网银付款系统是流程设计和开发的第二个部分,如图 5-17 所示。

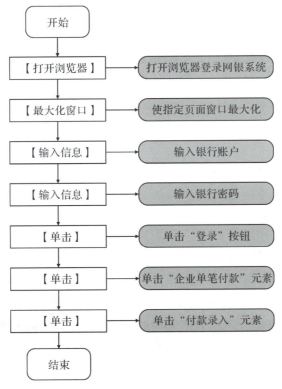

图 5-17 自动登录网银付款系统流程图

步骤五:打开浏览器,登录网银系统,选择付款模块。首先打开业务资料中交通银行网银登录界面,在 UiPath 软件活动面板中搜索"使用应用程序/浏览器"添加至【遍历循环】下方,在其属性面板设置参数内容,单击"指定应用程序进行自动化",页面跳转后选择交通银行网页,"URL"处自动更新为资料中交通银行的登录网址,如图 5-18、图 5-19 所示。

图 5-18　添加【使用应用程序/浏览器】对话框

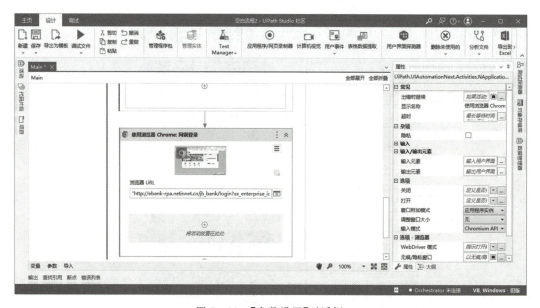

图 5-19　【参数设置】对话框

步骤六:在活动面板中依次搜索"最大化窗口"、两个"输入信息"、三个"单击"并添加至【浏览器】的下方,"银行账户"处输入的信息为""11001010400130586430"";"密码"处输入的信息为""123456"",依次单击登录、企业单笔付款、付款录入按钮。即完成了打开交通银行的网页,输入账号、密码,登录交通银行网上银行系统,打开付款模块,进入付款录入页面的程序设计,如图5-20至图5-24所示。

图 5-20 【输入信息'银行账户'】对话框

图 5-21 【输入信息'密码'】对话框

图 5-22 【单击'登录'】对话框

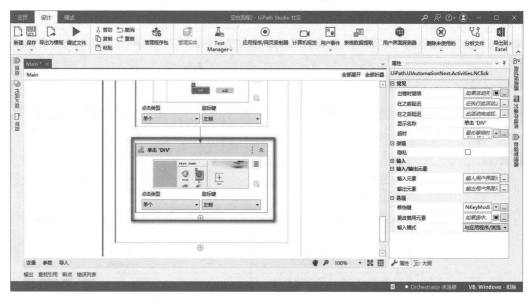

图 5-23 【单击'DIV'】对话框(1)

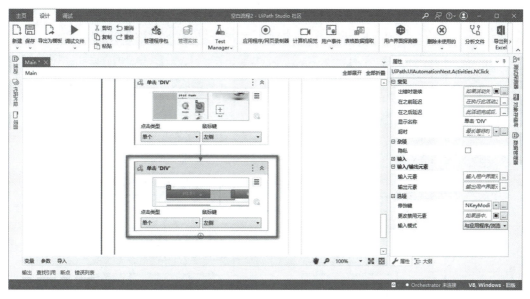

图 5-24 【单击'DIV'】对话框(2)

3.将付款信息录入网上银行系统指定位置

将付款信息录入网上银行系统指定位置是流程设计和开发的第三个部分,其流程如图 5-25 所示。

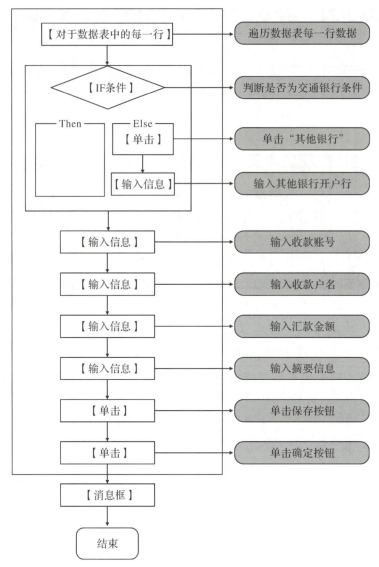

图 5-25 将付款信息录入网上银行系统指定位置流程图

步骤七：将变量"Table1"中构建好的付款信息，逐个录入至网银系统。在活动面板中搜索"对于数据表中的每一行"添加至【单击】下方，设置"输入"处为"Table1"，"遍历循环"处为"CurrentRow"，如图 5-26 所示。

项目5　RPA财务机器人综合实战

图 5-26　【对于数据表中的每一行】对话框

步骤八：在活动面板中搜索"IF 条件"添加至【对于数据表中的每一行】内，设置"条件"处为表达式"CurrentRow(1).Tostring.contains("交通银行")"，如图 5-27 所示。此步用于判断"Table1"当前行中的"收款银行"列是否包含"交通银行"，如果不包含"交通银行"，则需要在页面中单击"其他银行"。

图 5-27　设置【IF 条件】

在活动面板中搜索"单击"添加至【IF 条件】的"Else"框中，单击页面的"其他银行"，如图 5-28 所示。

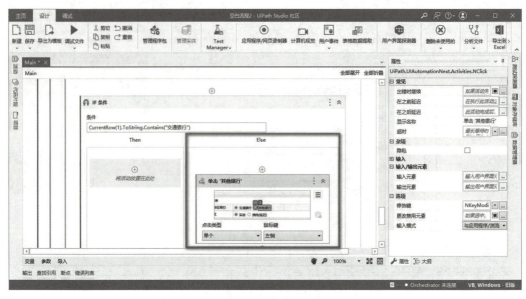

图 5-28 设置【单击】

步骤九:在活动面板中搜索"输入信息"添加至【单击】下方,选中"收款方所在银行"框,并设置输入信息为"CurrentRow(1).Tostring",如图 5-29 所示。

图 5-29 设置【输入信息】

步骤十:在活动面板中搜索四个"输入信息"依次添加至【对于数据表中的每一行】的"正文"中(【IF 条件】下方),依次选中"收款账号""收款户名""汇款金额""手工录入",依次设置"收款账号"处为"CurrentRow(2).Tostring","收款户名"处为"CurrentRow(0).Tostring","汇款金额"处为"CurrentRow(3).Tostring","手工录入"处为"CurrentRow(4).Tostring",如图 5-30 至图 5-33 所示。

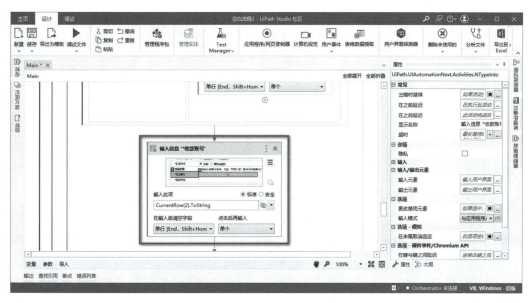

图 5-30 设置第一个【输入信息】

图 5-31 设置第二个【输入信息】

图 5-32　设置第三个【输入信息】

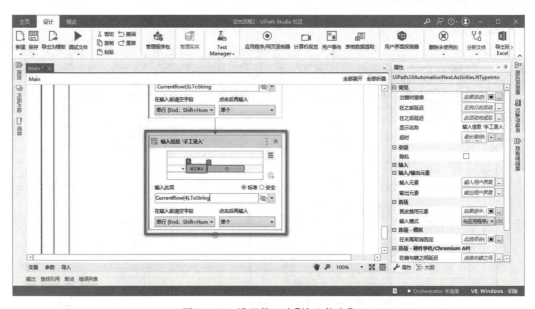

图 5-33　设置第四个【输入信息】

步骤十一：在活动面板中搜索两个"单击"添加至【输入信息】下方，依次选中页面中的"保存"按钮及"信息框"的"确定"按钮，如图 5-34 所示。

项目5 RPA财务机器人综合实战

图 5-34 添加【单击】

在遍历变量"Table1"中，读取当前行中的付款信息，录入至网银系统。当收款银行不是交通银行时，则选择"其他银行"并录入收款银行名称，然后依次录入开户行、银行账户、付款总额、付款原因及说明，并保存确定；当收款银行是交通银行时，重复上述步骤。然后再依次读取其他行数据并按照上述规则录入，直至全部完成。

步骤十二：在活动面板中搜索"消息框"添加至【对于数据表中的每一行】下方，设置"文本"处为""全部输入完成""，提示用户录入完成，如图 5-35 所示。

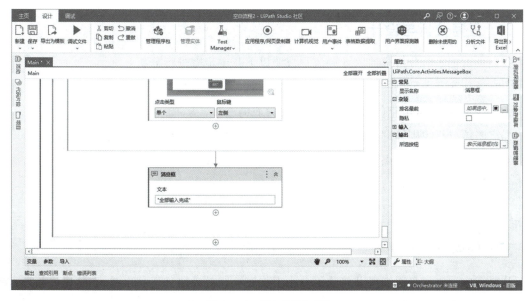

图 5-35 添加【消息框】

四、本节小结

(1)构建目标结构数据表时,表中会自带两行非标题行,需要删掉没有用的内容,否则这些内容将会被写入网银系统中,造成数据错误。

(2)使用【遍历循环】时,其属性面板中"TypeArgument"默认的类型为"Object",需要根据遍历集合中元素的数据类型来修改,本任务中需要修改为"String"。

任务 12　销售到收款业务

本节目标

(1)掌握从销售到收款业务的流程。
(2)学习使用 UiPath 软件设计录入销售订单、销售发票的流程。
(3)学习【对于数据表中的每一行】活动的使用方法。

一、任务导入

账龄分析机器人是按照财务报告附注的编制要求、企业经营管理的要求,对企业各往来款项的账龄自动分析的机器人。在导出往来科目余额表之后,无需进行任何加工处理,通过运行账龄分析机器人,自动生成账龄分析结果,极大提高工作效率。

二、任务分析与设计

我们可以把账龄分析机器人业务流程按照以下几个步骤进行分析:
①自动从账套中导出一家公司往来款项明细账,放入文件夹中。
②选择文件夹,将历年(各期)明细账汇总为底稿。
③将账龄分析规则拆解为往来账龄分析机器人流程步骤,使其容易理解、方便使用。
④输出计算完成的结果到指定文件夹。
⑤选择另一家公司,执行①②③④的动作。
⑥弹出信息框:分析完成。

三、任务实施

从账套中导出往来明细账并将其汇总为工作底稿相对简便且不易出错,在这里以整理好的明细账底稿为基础,把账龄分析这一部分的开发流程进行细化,整体流程如图 5-36 所示。

项目5 RPA财务机器人综合实战

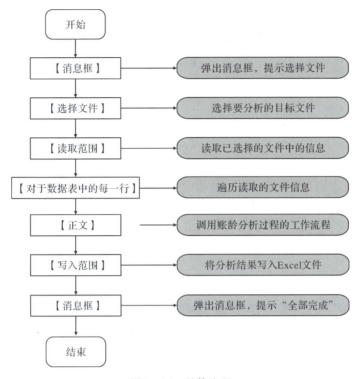

图 5-36 整体流程

步骤一：新建空白流程，更改流程名称为"账龄分析机器人"。打开主工作流后添加【消息框】。在活动面板中搜索并添加"消息框"，设置"文本"处为""请选择待处理文件""，如图 5-37 和图 5-38 所示。

图 5-37 新建空白流程

图 5-38　添加【消息框】

步骤二:添加【选择文件】。在活动面板中搜索"浏览文件"添加至【消息框】下方,在右侧属性面板"选择的文件"处创建"String"类型的变量文件路径,如图5-39所示。

图 5-39　添加【选择文件】

步骤三:在活动面板中搜索"读取范围",添加至【浏览文件】下方,在其属性面板设置参数内容"工作簿路径"处为"文件路径";"工作表名称"处为""应收账款账龄分析"";"范围"处为""

项目5　RPA财务机器人综合实战

A1""，名称处为"账龄数据"，其数据类型为"DataTable"，勾选"添加标头"处，如图5-40所示。

图5-40　添加【读取范围】

步骤四：在活动面板中搜索"对于数据表中的每一行"添加至【读取范围】下方，设置"输入"处为"账龄数据"，"遍历循环"处为"CurrentRow"，如图5-41所示。

图5-41　添加【对于数据表中的每一行】

步骤五：在【对于数据表中的每一行】的"正文"中添加【多重分配】并命名为初始化年初、年末余额，创建变量"QM""QC1""QC2""QC3"并设置数据类型均为"Double"，设置范围均为最大,"QC3"为前 3 期的期初余额,"QC2"为前 2 期的期初余额,"QC1"为第 1 期的期初余额,"QM"为期末余额。

对各变量进行赋值,设置表达式如下:

QC3=Convert.ToDouble(CurrentRow(1).ToString);

QC2=Convert.ToDouble(CurrentRow(4).ToString);

QC1=Convert.ToDouble(CurrentRow(7).ToString);

QM=Convert.ToDouble(CurrentRow(10).ToString),如图 5-42 所示。

图 5-42 添加【多重分配】

其中,"Convert.ToDouble()"表示将字符串类型转换为浮点数值类型;"CurrentRow(1)"表示获取数据表 B 列的数值,"CurrentRow(3)"表示获取数据表 D 列的数值;"CurrentRow(1).ToString"表示将获取数据表 B 列的数值转换为字符串类型。

步骤六:在【多重分配】的下方添加一系列活动,对读取的每一行数据按照规则进行账龄分析,并返回分析结果。

(1)计算账龄在 3 年以上的金额。为了使流程更加便于阅读,可以在"正文"中将【序列】添加在【多重分配】之后,并用右键单击"重命名"(或按 F2 键),将该序列重命名为"3 年以上的金额",将计算流程放入该序列当中,如图 5-43 所示。

图 5-43 添加【序列】

步骤七：在"3 年以上的金额"序列中添加【多重分配】并命名为"借方、贷方发生额"，创建变量"DF1""DF2""DF3""JF1""JF2""JF3"并设置数据类型均为 Double，设置范围均为最大，DF3 为前 3 期贷方发生额，DF2 为前 2 期贷方发生额，DF1 为第 1 期贷方发生额。JF3 为前 3 期借方发生额，JF2 为前 2 期借方发生额，JF1 为第 1 期借方发生额。分别设置表达式并赋值给对应的变量，参考"期初余额"的变量设置方法，如图 5-44 所示。

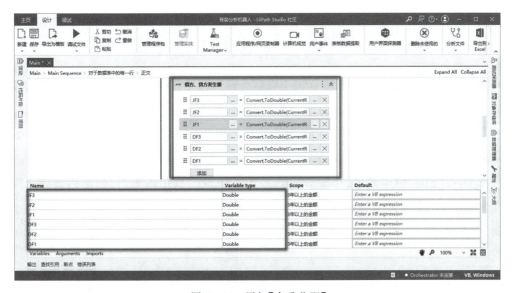

图 5-44 添加【多重分配】

步骤八：添加【IF 条件】，设置"条件"为"QC3＜0"。在"Then"框中添加【多重分配】并命名

为"重新赋值借方、贷方发生额",对借方发生额和贷方发生额重新赋值,设置表达式如下:

JF3＝Convert.ToDouble(If(JF3＜0,0.00,JF3));

JF2＝Convert.ToDouble(If(JF2＜0,0.00,JF2));

JF1＝Convert.ToDouble(If(JF1＜0,0.00,JF1));

DF3＝Convert.ToDouble(If(DF3＜0,Math.Abs(DF3),0.00));

DF2＝Convert.ToDouble(If(DF2＜0,Math.Abs(DF2),0.00));

DF1＝Convert.ToDouble(If(DF1＜0,Math.Abs(DF1),0.00)),如图 5-45 所示。

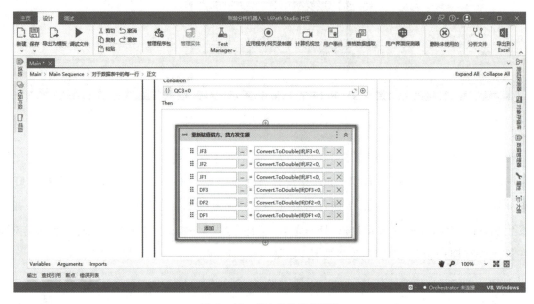

图 5-45　添加【多重分配】

步骤九:添加【分配】并命名为"3 年以上账龄金额",创建"Double"类型的变量"T3",设置范围均为最大,代表账龄在 3 年以上的应收账款金额,将表达式"Convert.ToDouble(If(QC3＋JF3＋JF2＋JF1＋DF3＋DF2＋DF1＜0,QC3＋JF3＋JF2＋JF1＋DF3＋DF2＋DF1,0.00))"赋值给"T3",如图 5-46 所示。

步骤十:在"Else"框中添加【多重分配】(可复制"Then"框中的内容,但需调整表达式),对借方发生额和贷方发生额重新赋值。设置表达式如下:

DF3＝Convert.ToDouble(If(DF3＜0,0.00,DF3));

DF2＝Convert.ToDouble(If(DF2＜0,0.00,DF2));

DF1＝Convert.ToDouble(If(DF1＜0,0.00,DF1));

JF3＝Convert.ToDouble(If(JF3＜0,Math.Abs(JF3),0.00));

JF2＝Convert.ToDouble(If(JF2＜0,Math.Abs(JF2),0.00));

JF1＝Convert.ToDouble(If(JF1＜0,Math.Abs(JF1),0.00)).

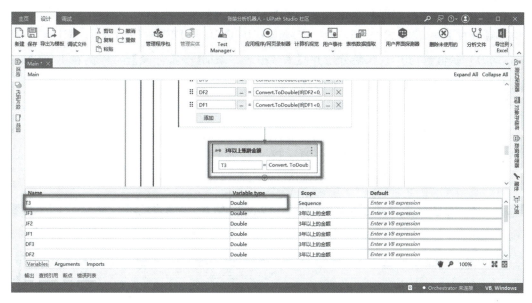

图 5-46 添加【分配】

步骤十一:添加【分配】,将表达式"Convert.ToDouble(If(QC3－(DF3＋DF2＋DF1＋JF3＋JF2＋JF1)＞0,QC3－(DF3＋DF2＋DF1＋JF3＋JF2＋JF1),0.00))"赋值给"T3"。

(2)计算2年以上账龄的金额。在"正文"中添加【序列】,重命名为"账龄在2年以上",将计算流程放入该序列当中。在前面的步骤中,根据相关条件重新赋值了借方发生额和贷方发生额,和原始数据表中的数值已经不同,为了后续计算,要将原始数据表中的数值重新赋值给借贷方发生额变量(初始化金额),参考"期初余额"的变量设置方法处理。添加【IF 条件】,在"条件"中输入 QC2＜0。在"Then"框中添加【多重分配】,对借方发生额和贷方发生额重新赋值,和"计算3年以上账龄的金额"对应位置的设置相同。添加【分配】,创建"Double"类型的变量 T2,设置范围均为最大,代表账龄在2年以上的应收账款金额,将表达式"Convert.ToDouble(If(QC2＋JF2＋JF1＋DF2＋DF1＜0,QC2＋JF2＋JF1＋DF2＋DF1,0.00))"赋值给"T2"。在"Else"框中添加【多重分配】,对借方发生额和贷方发生额重新赋值,和"计算3年以上账龄的金额"对应位置的设置相同。添加【分配】,将表达式"Convert.ToDouble(If(QC2－(DF2＋DF1＋JF2＋JF1)＞0,QC2－(DF2＋DF1＋JF2＋JF1),0.00))"赋值给"T2"。

(3)计算1年以上账龄的金额。在"正文"中添加【序列】,重命名为"账龄在1年以上",将计算流程放入该序列当中。初始化借方发生额和贷方发生额,参考"期初余额"的变量设置方法处理。添加【IF 条件】,在"条件"中输入"QC1＜0"。在"Then"框中添加【多重分配】,对借方发生额和贷方发生额重新赋值,其值和"计算3年以上账龄的金额"对应位置的相同。添加【分配】,创建"Double"类型的变量"T1",设置范围均为最大,代表账龄在1年以上的应收账款金额,将表达式"Convert.ToDouble(If(QC1＋JF1＋DF1＜0,QC1＋JF1＋DF1,0.00))"赋值给"T1"。

在"Else"框中添加【多重分配】,对借方发生额和贷方发生额重新赋值。

添加【分配】,将表达式"Convert.ToDouble(If(QC1－(DF1＋JF1)＞0,QC1－(DF1＋JF1),0.00))"赋值给"T1"。账龄分段并写入数据表。添加【多重分配】至"账龄在1年以上"下方,在左侧输入写入位置,右边输入表达式。

3年以上账龄的金额:CurrentRow(14)＝T3;

2～3年账龄的金额:CurrentRow(13)＝T2－T3;

1～2年账龄的金额:CurrentRow(12)＝T1－T2;

1年账龄的金额:CurrentRow(11)＝QM－T1,如图5－47所示。

图5－47　添加【多重分配】并输入表达式

步骤十二:在活动面板中搜索"写入范围",添加至【对于数据表中的每一行】下方,在其属性面板设置"工作簿路径"处为变量"文件路径";"工作表名称"处为""账龄分析结果"","起始单元格"处为""A1"";"数据表"处为"账龄数据";勾选"添加标头"。将上一步骤处理完成的数据表"账龄数据"写入原来的账龄分析底稿文件中,原来的工作簿名称和路径为"文件路径",在该工作簿中创建新的工作表("账龄分析结果"),从""A1""开始写入,并添加数据表标头,如图5－48所示。

项目5　RPA财务机器人综合实战

图 5-48　添加【写入范围】

步骤十三：添加【消息框】，设置"文本"为""全部输入完成""。提示往来账龄分析机器人已完成录入，可以进行其他操作了，如图 5-49 所示。

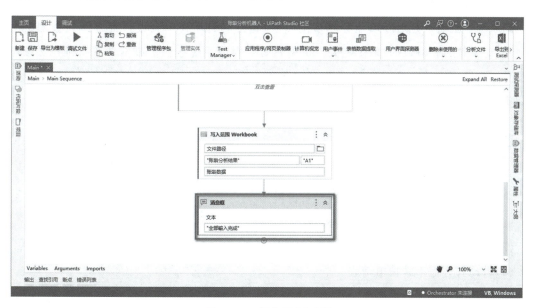

图 5-49　添加【消息框】

四、本节小结

（1）在【读取范围】的属性设置中，是否勾选"添加标头"将直接影响数据表取数的结果。因为应收账款账龄分析底稿中有表头，而且读取位置从"A1"开始，所以应当勾选"添加标头"。如果读取位置从"A2"开始,则无须勾选"添加标头"。

(2)在【IF 条件】中可以再次使用"IF 表达式"。

(3)在【写入范围】中,可以在指定的路径创建一个新的工作簿,而不是必须写入原有工作簿。

任务 13　总账到报表业务

本节目标

(1)明确总账到报表之间的业务流程。

(2)先使用 RPA 财务机器人自动完成系统报表的导出及处理各子公司报表的催收、汇总等工作。再根据抵销规则生成合并抵销分录,根据汇率数据和当月境外子公司的报表进行处理和计算。最后,RPA 财务机器人根据生成的数据,形成当月的合并报表。

一、任务导入

汇率维护机器人是对外币业务较多的企业,每月初自动在中国银行官方网站查询汇率信息,并自动下载为表格数据,以供相关人员审核后对财务系统账的汇率信息进行维护。该业务对及时性和准确性的要求比较高,因为及时性和准确性对账务处理影响较大,运用财务机器人自动化处理,可极大提高工作效率。

二、任务分析与设计

我们可以把汇率维护机器人业务流程按照以下几个步骤进行分析:

(1)自动打开浏览器,登录中国银行官方网站。

(2)自动进入中国银行外汇牌价模块。

(3)自动输入起始时间和结束时间。

(4)自动打开汇率维护申请表。

(5)自动选择外汇货币名称。

(6)判断某个货币名称是否有中国银行折算价。

(7)若为"是",计算汇率,并将其写回汇率维护申请表。

(8)若为"否",将没有的提示写回汇率维护申请表。

(9)自动重复⑥⑦⑧的动作。

(10)弹出信息框:输入完成。

三、任务实施

汇率维护机器人的流程设计和开发可由处理汇率维护申请表、获取有效年月及获取并计算相应的汇率、写回汇率数据和日期这几个部分构成。下面将对每个部分涉及的开发步骤进行详细介绍。

1. 处理汇率维护申请表和获取有效年月

处理汇率维护申请表和获取有效年月是流程设计和开发的第一部分,如图5-50所示。

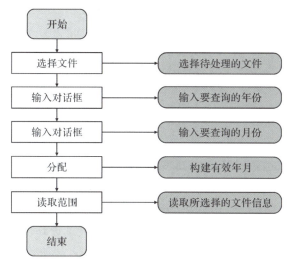

图5-50 处理汇率维护申请表和获取有效年月的流程图

步骤一:新建空白流程,更改流程名称为"汇率维护机器人",如图5-51所示。

图5-51 新建空白流程

打开主工作流后,添加【浏览文件】。在活动面板中搜索"浏览文件"并添加,在右侧属性面板"选择的文件"处创建 String 类型的变量"选择文件",如图 5-52 所示。

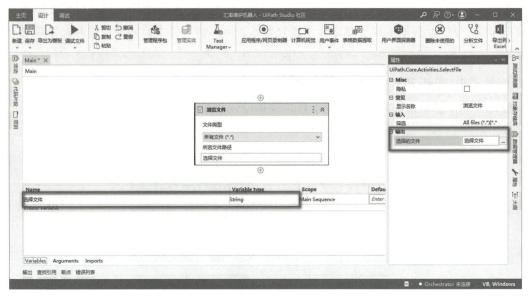

图 5-52　添加【浏览文件】

步骤二:在活动面板中搜索"输入对话框",添加至【选择文件】的下方,在"标签"处输入""请输入年份"";"结果"处为 String 类型的变量"年份",如图 5-53 所示。该步的目的是通过用户界面输入的方式告诉汇率维护机器人抓取汇率的年份。

图 5-53　添加【输入对话框】(1)

步骤三:在活动面板中搜索"输入对话框","标签"处输入""请输入月份"","结果"处为 String 类型的变量"月份",如图 5-54 所示。该步的目的是通过在用户界面输入的方式告诉汇率维护机器人抓取汇率的月份。

图 5-54 添加【输入对话框】(2)

步骤四:在活动面板中搜索"分配",添加至【输入对话框】的下方,设置"值"处输入"年份+"-"+月份+"-01"";"至变量"处为 String 类型的变量"有效年月",如图 5-55 所示。

图 5-55 添加【分配】

步骤五:在活动面板中搜索工作簿条目下的"读取范围",添加至【分配】下方,"工作簿路径"为"选择文件","工作表名称"为""sheet1"","范围"处为空,"数据表"处为"data",此变量的类型为"DataTable",如图 5-56 所示。

图 5-56　添加【读取范围】

2.获取并计算相应的汇率

获取并计算相应的汇率是流程设计和开发的第二个部分,共分为 15 个步骤,流程如图 5-57 所示。下面对每个部分涉及的操作步骤进行详细介绍。

项目5 RPA财务机器人综合实战

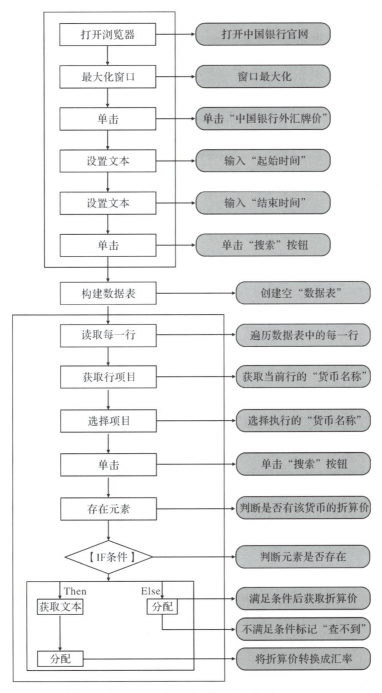

图 5-57 获取并计算相应的汇率

步骤六：在浏览器中打开中国银行网址，在 UiPath 软件中添加【使用浏览器】。活动面板中搜索"使用浏览器"，添加至【读取范围】下方，单击"指定应用程序自动化"选择中国银行网址。活动面板中搜索"最大化窗口"，添加至【打开浏览器】的"Do"中，使指定的窗口最大化，如图

5-58所示。

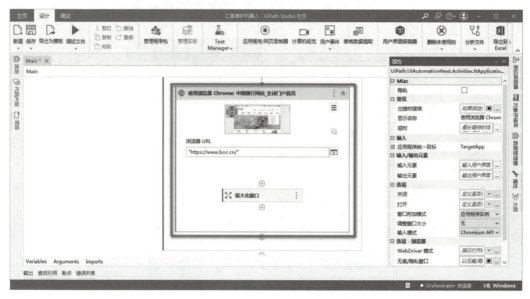

图 5-58 添加【使用浏览器】

步骤七:在活动面板中搜索"单击",添加至【最大化窗口】下方,单击"外汇牌价"按钮,如图5-59所示。

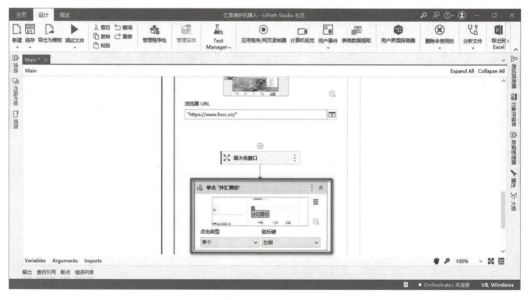

图 5-59 添加【单击】

步骤八:在活动面板中搜索"设置文本",添加至【单击】下方,单击"起始时间"的选择框,在"文本"处输入变量"有效年月",如图5-60所示。

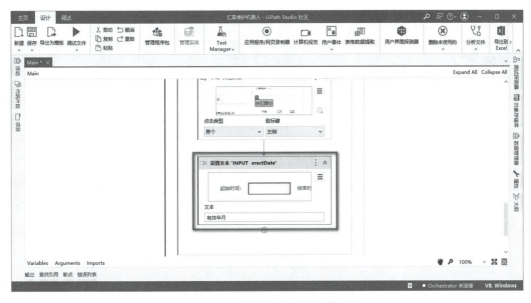

图 5-60　添加【设置文本】-起始时间

步骤九：在活动面板中搜索"设置文本"，添加至【设置文本】下方，单击"结束时间"的选择框，"文本"框处输入变量"有效年月"，如图 5-61 所示。

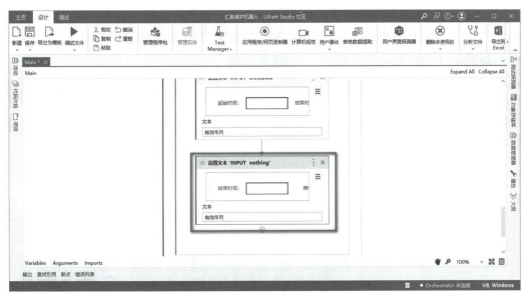

图 5-61　添加【设置文本】-结束时间

注意：当浏览器页面存在两个选项卡时，所选择的元素是基于第一个选项卡页面获得的，但实际该元素应在第二个选项卡页面获得，从而使汇率维护机器人不能准确定位到目标元素，可以利用"编辑选取器"功能对目标元素进行编辑以提高获取的准确性，如图 5-62 所示。

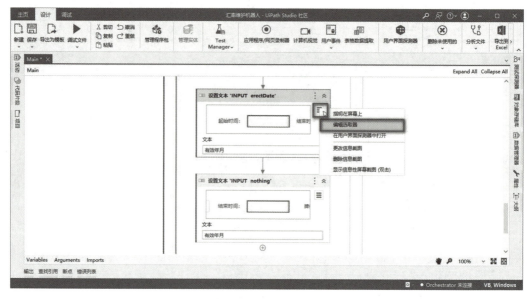

图 5-62　编辑选取器

步骤十：分别打开上述两个【设置文本】的"编辑选取器"。当"选取器编辑器"页面中"验证"图标呈现红色的时候，即验证不通过，未能获取到目标。可以单击该页面下方的"在用户界面探测器中打开"按钮。通过用户界面探测器中"指出元素"，再次指出目标元素，重新选取元素后，单击保存按钮。当再次指出元素后，选取器编辑器"验证"图标呈现绿色，即验证通过，已获取目标元素，如图 5-63 和图 5-64 所示。

图 5-63　指出元素

项目5　RPA财务机器人综合实战　163

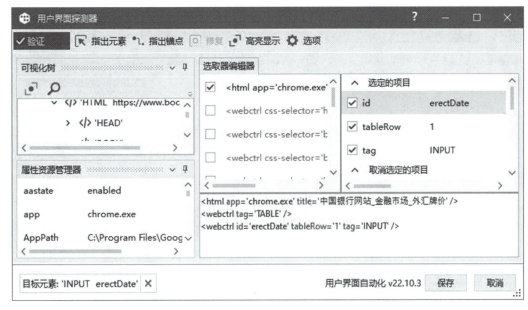

图 5-64　验证

步骤十一：在活动面板中搜索"单击"，添加至【设置文本】下方，单击页面中的"搜索"图标，如图 5-65 所示。然后同步骤十，运用"编辑选取器"再次指出目标元素。

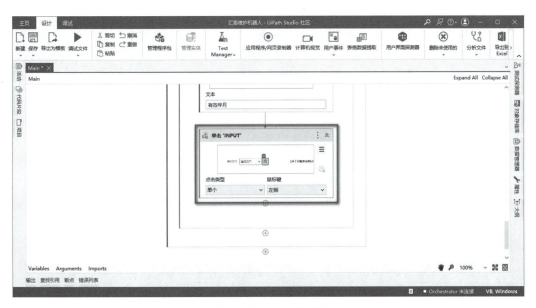

图 5-65　添加【单击】

步骤十二：在活动面板中搜索"构建数据表"，添加至【单击】下方，单击活动中的"数据表"按钮，将数据表标题设置为"汇率"（空行只留一行，多余的删除），类型为"String"，在属性面板"数据表"处创建变量"数据表",如图 5-66 和图 5-67 所示。

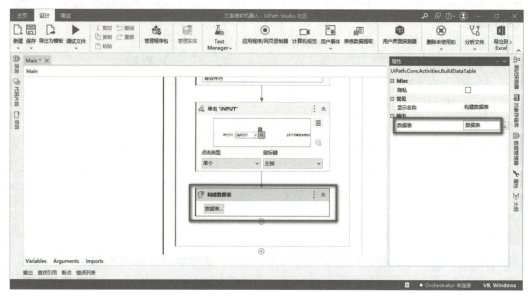

图 5-66　添加【构建数据表】

图 5-67　【构建数据表】对话框

步骤十三：在活动面板中搜索"对于数据表中的每一行"，添加至【构建数据表】下方，其用来循环读取表格的行信息，在"输入"处输入变量"data"，如图5-68所示。

图5-68 添加【对于数据表中的每一个行】

步骤十四：在活动面板中搜索"获取行项目"，添加至【对于数据表中的每一行】的"正文"中，在右侧属性面板处设置"列名称"为""货币名称""，在"行"处写入变量"CurrentRow"；在"值"处创建"String"类型的变量"获取行数据"，如图5-69所示。

图5-69 添加【获取行项目】

步骤十五:添加【选择项目】。在活动面板中搜索"选择项目",添加至【获取行项目】下方,单击中国银行外汇牌价页面中"选择货币"选项框,"要选择的项目"处为变量"获取行数据",如图5-70所示。然后同步骤十,运用"编辑选取器"再次指出目标元素,将获取的美元、英镑等货币名称从"选择货币"框中选择出来。

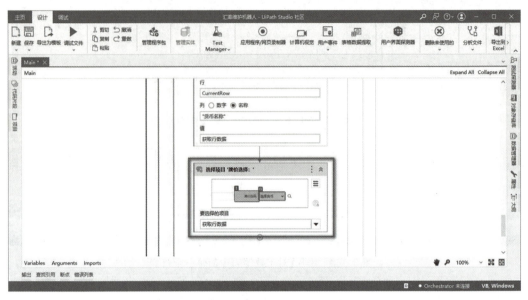

图5-70 添加【选择项目】

步骤十六:在活动面板中搜索"单击",添加至【选择项目】下方,单击"搜索"图标按钮,如图5-71所示。

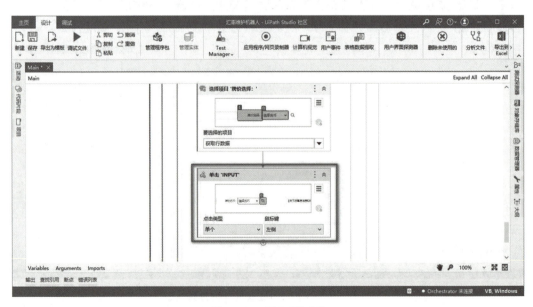

图5-71 添加【单击】

步骤十七:在活动面板中搜索"查找元素",添加至【单击】下方,单击"汇率表格",在其属性面板"已找到的元素"处创建变量"existRate",此变量类型为"Boolean",如图 5-72 所示。然后同步骤十,运用"编辑选取器"再次指出目标元素。

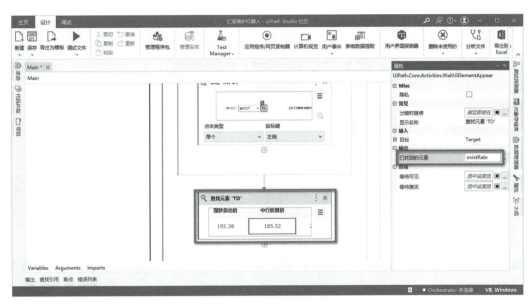

图 5-72 添加【查找元素】

步骤十八:在活动面板中搜索"分配"添加至【查找元素】下方,创建变量"汇率","设置值"为" ",如图 5-73 所示。

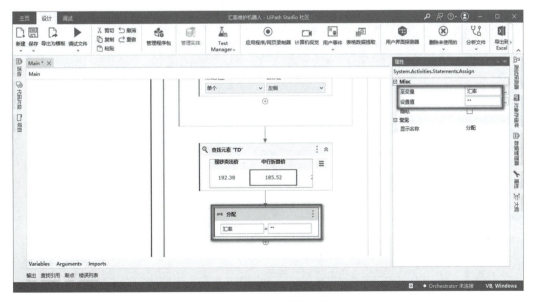

图 5-73 添加【分配】

步骤十九：在活动面板中搜索"IF 条件"添加至【分配】下方，设置"Condition"为"{ } existRate"，如图 5-74 所示。

图 5-74　添加【IF 条件】

步骤二十：在活动面板中搜索"获取文本"，添加至"Then"框中，单击第一行中行折算价的数值，在其属性面板"值"处创建变量"中行折算价"，此变量类型为"String"，如图 5-75 所示。然后同步骤十，运用"编辑选取器"再次指出目标元素。

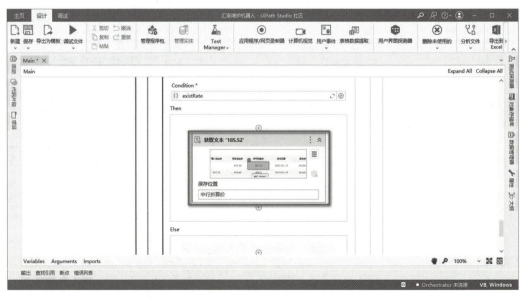

图 5-75　添加【获取文本】

步骤二十一：添加【分配】。在活动面板中搜索"分配"，添加至【获取文本】下方，在其"输入 VB 表达式"处填写"Math.round(Double.Parse(中行折算价)/100,4).ToString"；在"To"处输入变量汇率，如图 5-76 所示。

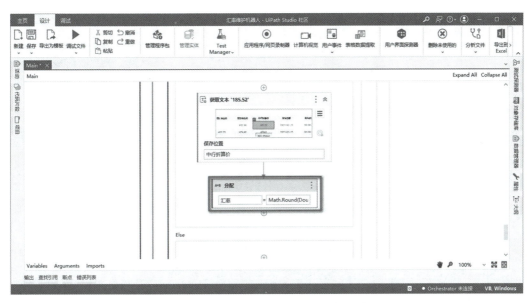

图 5-76　添加【分配】至【获取文本】下方

步骤二十二：在活动面板中搜索"分配"，添加至"Else"框中，输入表达式"汇率＝"找不到""，如图 5-77 所示。

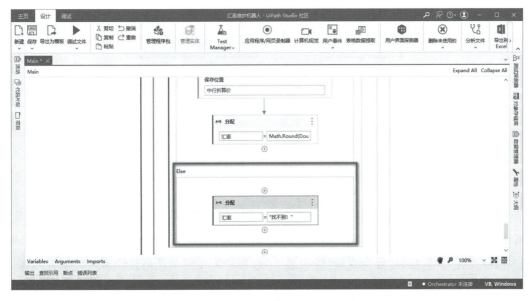

图 5-77　添加【分配】至"Else"框中

步骤二十三：在活动面板中搜索"添加数据行"，添加至【IF 条件】下方，在"数据表"处输入"数据表"；在"数组行"处输入"{汇率}"，"{}"内为数组，用来将获取不同货币的汇率内容写入变量"数据表"中，如图 5-78 所示。

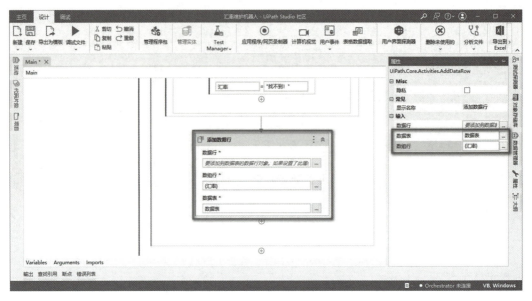

图 5-78　添加【添加数据行】

3. 写汇率数据和日期

写汇率数据和日期是流程设计和开发的第三个部分，共分为两个步骤，如图 5-79 所示。

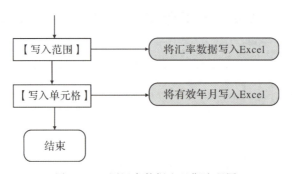

图 5-79　写汇率数据和日期流程图

步骤二十四：在活动面板中搜索工作簿条目下的"写入范围"，添加至【添加数据行】下方，在其属性面板设置"工作表名称"处为""sheet1""；"起始单元格"处为""C2""；"工作簿路径"处为变量"选择文件"；"数据表"处为变量"数据表"。这表示从"C2"单元格开始写入数据表，如图 5-80 所示。

项目5　RPA财务机器人综合实战

图 5-80　添加【写入范围】

步骤二十五：在活动面板中搜索"写入单元格"，添加至【写入范围】下方，设置"单元格"为表达式""A2：A"+(data.Rows.Count+1).ToString"；"工作表名称"为""sheet1""；"工作簿路径"为变量"选择文件"；"文本"为变量"有效年月"，如图 5-81 所示。

图 5-81　添加【写入单元格】

四、本节小结

(1)【写入单元格】填写的数据可以为""A1""或者""B2:C3"",带冒号表示的是单元格范围。文本只能是字符串内容,如果"Range"里面填写的是范围,表示所有选中的单元格都赋值为字符串的内容(值相同)。

(2)通过【选择项目】单击"选择货币"选项框后,UiPath 软件会自动生成当前框中显示的项目内容"选择货币",应将其属性面板"项目"设置为变量"获取行数据"。

▶ 任务 14 银企对账机器人

一、任务导入

银行与企业(银企)对账即通过寻找银行账户交易流水与企业记账流水之间的"平衡",发现各类未达账项的情况。通过银企对账,可以增强企业会计核算的准确性,及时发现和防范金融风险,确保资金安全使用,提高资金营运效益。但是,传统的银企对账需要按银行、按账户逐个进行手工对账,而每个企业往往存在多个银行账户,每个账户都要重复多个步骤,导致效率低下,且存在一定的疏漏风险。随着企业业务规模的不断增加、交易数据量的不断攀升,企业银行账户和账单的管理也日益复杂,需要投入的人力物力越来越多。下面来学习如何设计、开发一个银企对账机器人,以提高工作效率。

对于银企对账工作平时容易出现的问题,经过部门会议的讨论认为此工作工作量大,且是有固定规则的,通过相互匹配数据,将未匹配上的数据填到银行余额调节表当中,应是可以用 RPA 财务机器人来处理的。

二、任务分析与设计

根据业务场景的描述,我们可以把银企对账机器人业务流程按照以下几个步骤进行分析:

(1)打开浏览器,自动登录网银平台。

(2)自动下载银行对账单。

(3)自动登录财务共享中心(或 ERP 系统)。

(4)自动下载银行存款日记账。

(5)自动对账。

(6)自动生成银行存款余额调节表。

(7)自动重复上述步骤直至所有账户循环完毕。

三、任务实施

银企对账机器人的流程设计和开发可由"读取银行对账单和企业银行存款日记账数据"和"编制银行存款余额调节表"这两个部分构成。下面将对每个部分涉及的开发步骤进行详细介绍。

1. 读取银行对账单和企业银行存款日记账数据

读取银行对账单和企业银行存款日记账数据是流程设计和开发的第一个部分，如图 5-82 所示。

图 5-82 读取银行对账单和企业银行存款日记账数据流程图

步骤一：新建空白流程，更改流程名称为"银企对账机器人"，如图 5-83 所示。

图 5-83 【新建空白流程】对话框

步骤二：打开主工作流，在活动面板中搜索"读取范围"并添加，在属性面板中设置"工作簿路径"为""银行对账单.xlsx""。此步骤用于打开"银行对账单.xlsx"工作簿，为其他 Excel 活动提供应用程序基础。然后设置"工作表名称"处为""Sheet1""，"范围"处为空，在"数据表"处创建"DataTable"类型的变量"银行对账单数据"，勾选"添加标头"，如图 5-84 所示。

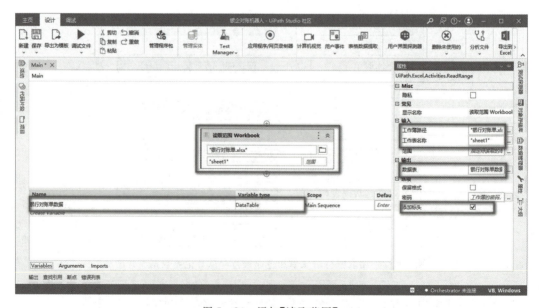

图 5-84 添加【读取范围】

项目5 RPA财务机器人综合实战

步骤三:在活动面板中搜索工作簿条目下的"读取单元格",添加至【读取范围】下方,在其属性面板设置"单元格"为表达式""G"+(银行对账单数据.Rows.Count+1).ToString","工作簿路径"为""银行对账单.xlsx"","工作表名称"为""Sheet1"",在"结果"处创建"Double"类型的变量"银行对账单余额",如图5-85所示。

图 5-85 添加【读取单元格】

步骤四:在活动面板中搜索"筛选数据表",添加至【读取单元格】下方,"数据表"处均设置为变量"银行对账单数据",如图5-86所示。

图 5-86 添加【筛选数据表】

步骤五:在【筛选数据表】活动中单击"配置筛选器"按钮,在弹出的"筛选器向导"中单击"筛选行",勾选"删除",在"列"中输入""摘要"","操作"选择"=","值"中输入""期初余额"",单击"OK",如图5-87所示。

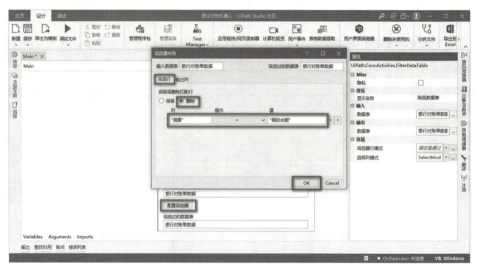

图5-87 添加【配置筛选器】

步骤六:在活动面板中搜索"读取范围",添加至【筛选数据表】下方,在其属性面板设置"工作簿路径"为"银行存款日记账.xlsx"文档在计算机中的完整路径,其他属性为默认设置。此步骤用于打开"银行存款日记账"Excel工作簿,为其他Excel活动提供应用程序基础。当该活动结束时,工作簿和Excel应用程序都将关闭。在属性面板设置"工作表名称"为""Sheet1"","范围"处为空,在"数据表"处创建"DataTable"类型的变量"银行存款日记账数据",勾选"添加标头",如图5-88所示。

图5-88 添加【读取范围】

项目5 RPA财务机器人综合实战

步骤七:在活动面板中搜索工作簿条目下的"读取单元格",添加至【读取范围】下方,在其属性面板设置"单元格"处为表达式""K"+(银行存款日记账数据.Rows.Count+1).ToString","工作表名称"处为""Sheet1"",在"结果"处创建"Double"类型的变量"银行存款日记账余额",如图5-89所示。

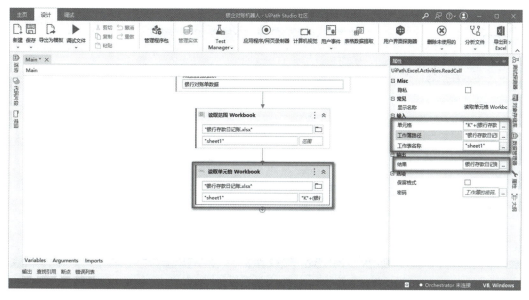

图5-89 添加【读取单元格】

步骤八:在活动面板中搜索"筛选数据表",添加至【读取单元格】下方,在其属性面板输入、输出"数据表"处均为变量"银行存款日记账数据",如图5-90所示。

图5-90 添加【筛选数据表】

步骤九:在【筛选数据表】活动中单击"配置筛选器"按钮,在弹出的"筛选器向导"中单击"筛选行",选择"删除",在"列"中输入""摘要"","操作"选择"=","值"中输入""期初余额"",单击"OK",如图 5-91 所示。

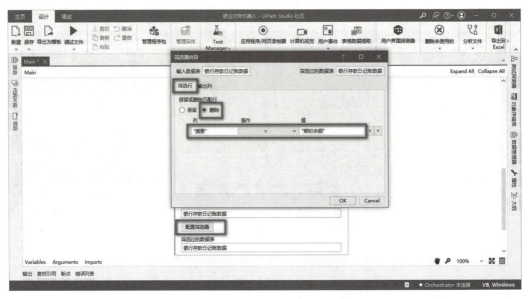

图 5-91 【筛选器向导】对话框

步骤十:在活动面板中搜索"联接数据表",添加至【筛选数据表】下方,在其属性面板设置"数据表 1"处为变量"银行对账单数据","数据表 2"处为变量"银行存款日记账数据",在"数据表"处创建"DataTable"类型的变量"对账结果","联接类型"处为"Full",如图 5-92 所示。

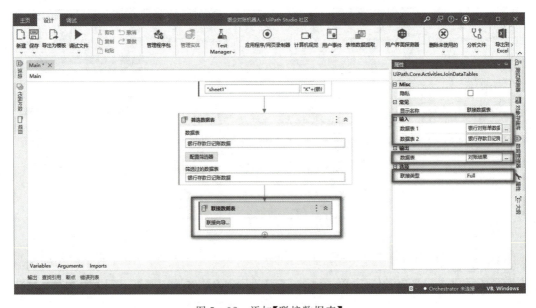

图 5-92 添加【联接数据表】

步骤十一：在【联接数据表】活动中单击"联接向导"按钮，在弹出的"联接向导"对话框中按如图 5-93 所示内容填写，填写完后单击"OK"。

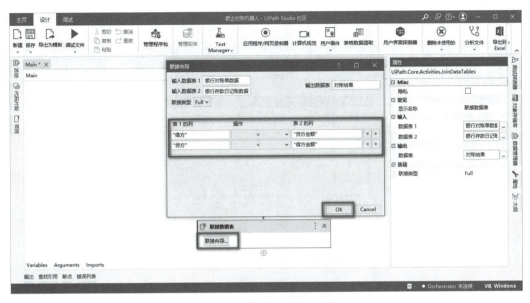

图 5-93 【联接向导】对话框

步骤十二：在活动面板中搜索"筛选数据表"，添加在【联接数据表】下方，在其属性面板设置：在"输入"下的"数据表"处输入变量"对账结果"，在"输出"下的"数据表"处创建"DataTable"类型的变量"未达账项"，如图 5-94 所示。

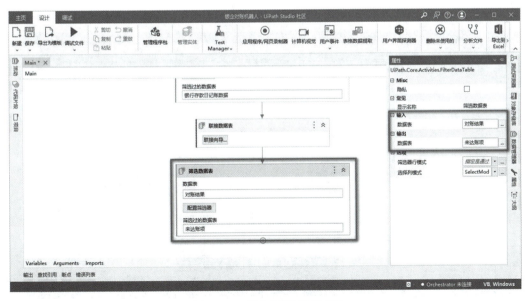

图 5-94 添加【筛选数据表】

步骤十三：在【筛选数据表】活动中单击"配置筛选器"按钮，在弹出的【筛选器向导】中单击"筛选行"，选择"保留"，在"列"中输入""摘要""，"操作"选择"Is Empty"，单击"+"会增加一行，单击增加行的行首"And"，使其变成"Or"，在"列"中输入""摘要_1""，"操作"选择"Is Empty"，单击"OK"，如图5-95所示。

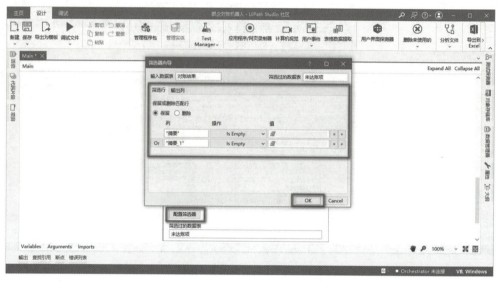

图5-95 【筛选器向导】对话框

步骤十四：在活动面板中搜索工作簿条目下的"写入范围"，添加至【筛选数据表】下方，在其属性面板设置"工作表名称"处为""Sheet1""，"起始单元格"为""A1""；"工作簿路径"为""未达账项.xlsx""文档在计算机中的完整路径，"数据表"为"未达账项"，勾选"添加标头"。此步骤用于将"未达账项"中的数据写入"未达账项.xlsx"文件中，如图5-96所示。

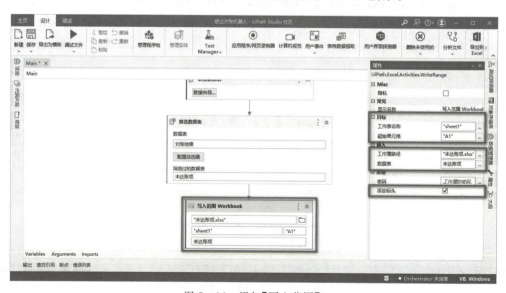

图5-96 添加【写入范围】

2. 编制银行存款余额调节表

编制银行存款余额调节表是流程设计和开发的第二个部分,如图5-97所示。

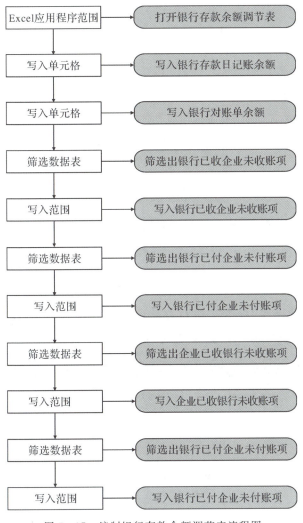

图5-97 编制银行存款余额调节表流程图

步骤十五:在活动面板中搜索工作簿条目下的【写入单元格】,添加至【写入范围】下方,在其属性面板设置"工作簿路径"处为""银行存款余额调节表.xlsx""在计算机中的完整路径,其他属性为默认设置,设置"工作表名称"处为""Sheet1"","单元格"处为""C2"","文本"处为"银行存款日记账余额.ToString",如图5-98所示。

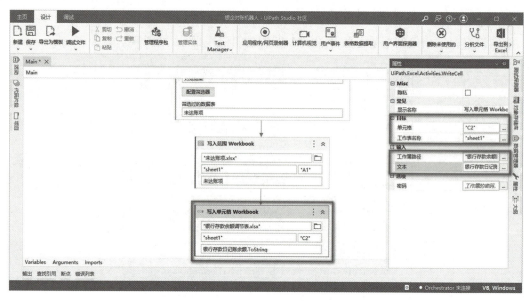

图 5-98　添加【写入单元格】对话框在【写入范围】下方

步骤十六：在活动面板中搜索工作簿条目下的"写入单元格"，添加至【写入单元格】下方，在其属性面板设置"工作簿路径"处为""银行存款余额调节表.xlsx""，设置"工作表名称"处为""Sheet1""，"单元格"处为""F2""，"文本"处为"银行对账单余额.ToString"，如图 5-99 所示。

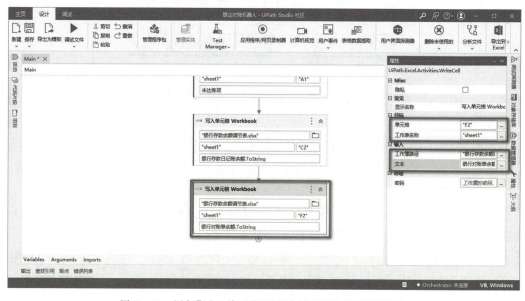

图 5-99　添加【写入单元格】对话框在【写入单元格】下方

步骤十七：在活动面板中搜索"筛选数据表"，添加至【写入单元格】下方，在其属性面板的"输入"下的"数据表"处输入"未达账项"，在"输出"下的"数据表"处创建"DataTable"类型的变量"银行已收企业未收",如图 5-100 所示。

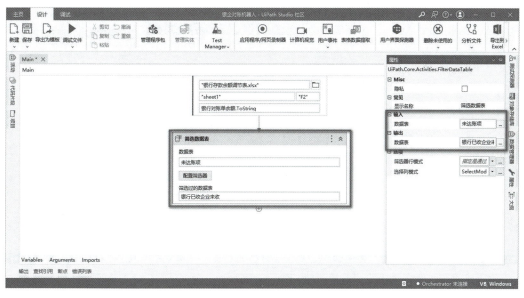

图 5-100　添加【筛选数据表】

步骤十八:在【筛选数据表】活动中单击"配置筛选器"按钮,在弹出的"筛选器向导"对话框中单击"筛选行",选择"保留",在"列"中输入""贷方"","操作"选择"Is Not Empty",单击"输出列",选择"保留",在"列"中输入""日期"",单击"＋",在新增的一行的"列"中输入""贷方"",单击"OK",如图 5-101 和图 5-102 所示。

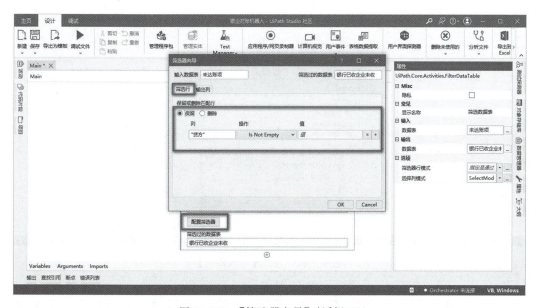

图 5-101　【筛选器向导】对话框(1)

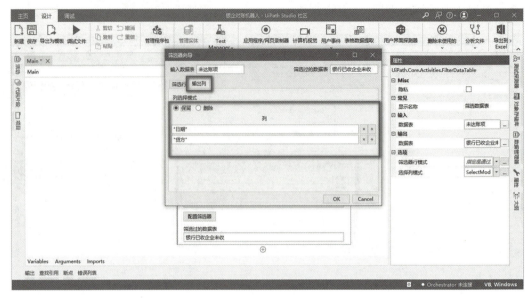

图 5-102 【筛选器向导】对话框(2)

步骤十九：在活动面板中搜索 Excel 条目下的"写入范围"，添加至【筛选数据表】下方，在其属性面板设置"工作簿路径"为""银行存款余额调节表.xlsx""；设置"工作表名称"为""Sheet1""，"起始单元格"为""B4""，在"数据表"处输入"银行已收企业未收"，如图 5-103 所示。

图 5-103 添加【写入范围】

步骤二十：在活动面板中搜索"筛选数据表"，添加至【写入范围】下方，"输入"下的"数据表"处为"未达账项"，在"输出"下的"数据表"处创建"DataTable"类型的变量"银行已付企业未付"，如图 5-104 所示。

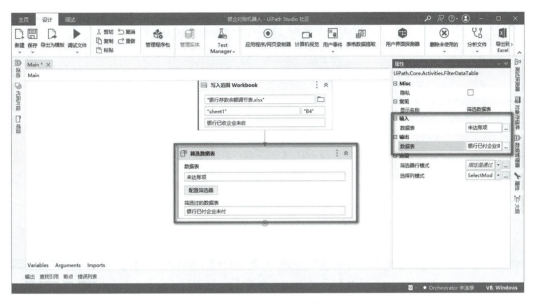

图 5-104 添加【筛选数据表】

步骤二十一：在【筛选数据表】活动中单击"配置筛选器"按钮，在弹出的"筛选器向导"单击"筛选行"，选择"保留"，在"列"中输入""借方""，"操作"选择"Is Not Empty"，单击"输出列"，选择"保留"，在"列"中输入""日期""，单击"＋"，在"列"中输入""借方""，单击"OK"，如图 5-105 和图 5-106 所示。

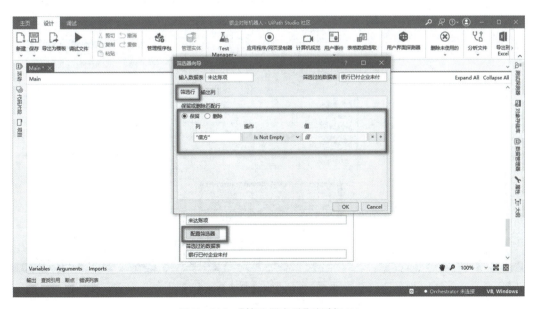

图 5-105 【筛选器向导】对话框(1)

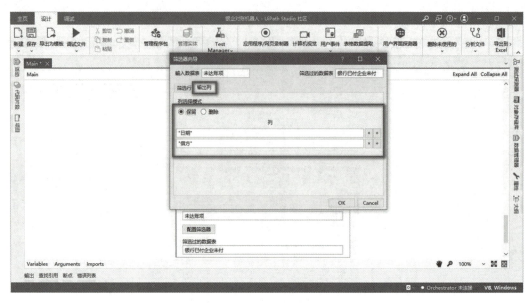

图 5-106 【筛选器向导】对话框(2)

步骤二十二：在活动面板中搜索工作簿条目下的"写入范围"，添加至【筛选数据表】下方，在其属性面板设置"工作簿路径"处为""银行存款余额调节表.xlsx""；设置"工作表名称"处为""Sheet1""，"起始单元格"处为""B15""；在"数据表"处输入"银行已付企业未付"，如图5-107所示。

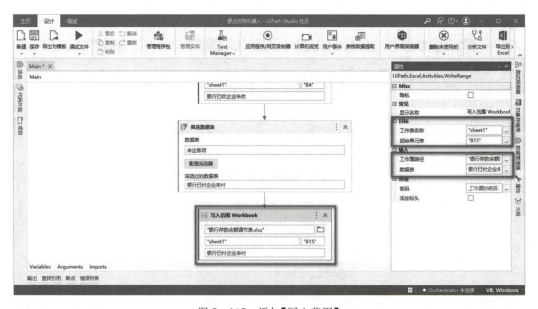

图 5-107 添加【写入范围】

步骤二十三：在活动面板中搜索"筛选数据表"，添加至【写入范围】下方，输入下的"数据表"

为"未达账项";"在输出下的"数据表"处创建"DataTable"类型的变量"企业已收银行未收"。

在【筛选数据表】活动中单击"配置筛选器"按钮,在弹出的"筛选器向导"中单击"筛选行",选择"保留",在"列"中输入"借方金额","操作"选择"Is Not Empty",单击"输出列",选择"保留",在"列"中输入""日期_1"",单击"＋",在"列"中输入""借方金额"",单击"OK",如图5-108至图5-110所示。

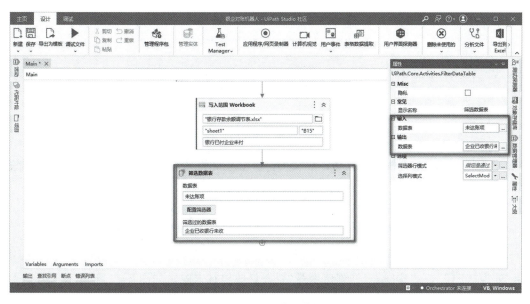

图5-108　添加【筛选数据表】

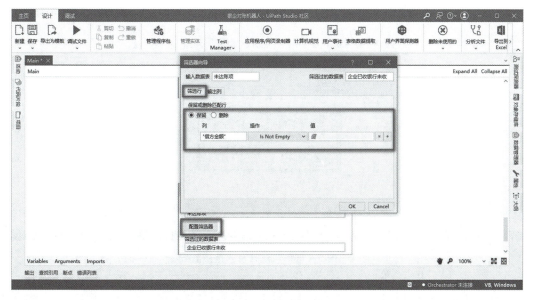

图5-109　【筛选器向导】对话框(1)

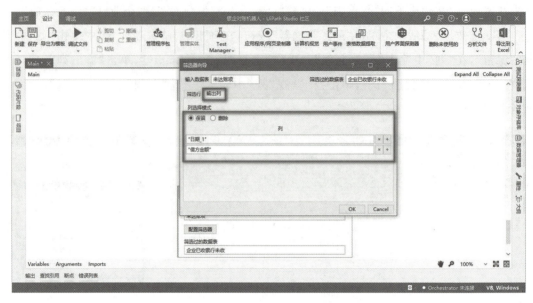

图 5-110 【筛选器向导】对话框(2)

步骤二十四:在活动面板中搜索工作簿条目下的"写入范围",添加至【筛选数据表】下方,设置"工作簿路径"为""银行存款余额调节表.xlsx"";设置"工作表名称"为""Sheet1"","起始单元格"处为""E4"",在"数据表"处创建变量"企业已收银行未收",如图 5-111 所示。

图 5-111 添加【写入范围】

步骤二十五:在活动面板中搜索"筛选数据表",添加至【写入范围】下方,在其"输入"下的数据表为"未达账项";在"数据表"处创建"DataTable"类型的变量"企业已付银行未付"。

在【筛选数据表】活动中单击"配置筛选器"按钮,在弹出的"筛选器向导"单击"筛选行",选择"保留",在"列"中输入""贷方金额"","操作"选择"Is Not Empty",单击"输出列",选择"保留",在"列"中输入""日期_1"",单击"＋",在"列"中输入""贷方金额"",单击"OK",如图 5 - 112 至图 5 - 114 所示。

图 5 - 112　添加【筛选数据表】

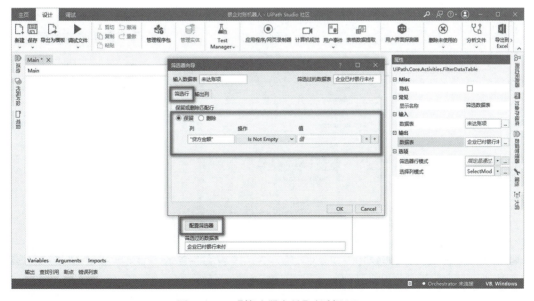

图 5 - 113　【筛选器向导】对话框(1)

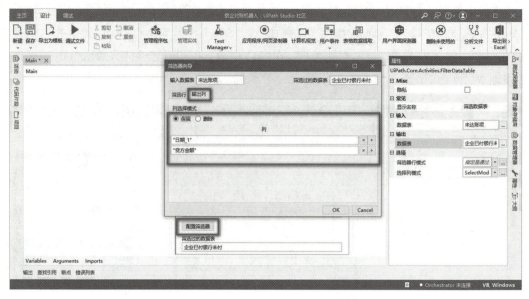

图 5-114 【筛选器向导】对话框(2)

步骤二十六：在活动面板中搜索工作簿条目下的"写入范围"添加至【筛选数据表】下方，设置"工作簿路径"处为""银行存款余额调节表.xlsx""；设置"工作表名称"处为""Sheet1""；"起始单元格"处为""E15""；在"数据表"处创建变量"企业已付银行未付"，如图 5-115 所示。

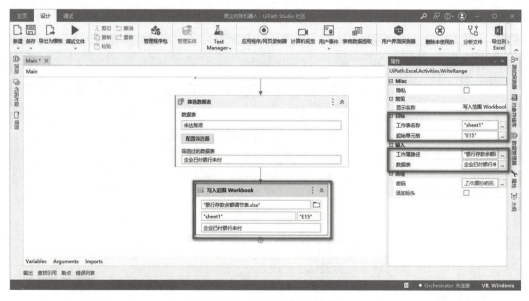

图 5-115 添加【写入范围】

四、本节小结

（1）在本任务中用到的【筛选数据表】活动，可在"筛选器向导"窗口中指定条件来筛选"DataTable"类型的变量。此活动可以根据在该向导中指定的逻辑条件保留（或删除）行（或列）。活动主体包含"筛选器向导"按钮，便于随时访问向导并自定义设置。

（2）筛选器向导有助于构建"DataTable"类型的变量的筛选选项。可前往"设计器"面板，然后使用活动主体内的"筛选器向导"按钮打开该向导。再从其他字段中选择要修改的"DataTable"及要在其中保存更改的数据表。

任务 15 发票开具机器人

本节目标

（1）了解"获取开票申请明细表中的数据"流程设计。
（2）了解"录入发票信息"流程设计。
（3）掌握发票开具机器人流程设计。

一、任务导入

发票开具机器人是对企业日常经营管理过程中的增值税发票开具业务进行自动开票的财务机器人。增值税发票的开具是一项不可避免的繁杂工作，购买方的名称、纳税人识别号、地址、电话、开户行及账号、货物或应税劳务、服务名称、规格型号、单位、数量、单价、金额、税率、税额、价税合计等内容填写错误，就会导致发票的退回，需要重新开具。若能设计、开发一个发票开具机器人，将极大提高增值税发票开具的效率。

二、任务分析与设计

根据业务场景的描述我们可以把业务流程按照以下几个步骤进行分析：
（1）根据开票申请明细表，自动构建所有开票申请数据表（或直接调用 Excel 表中内容）。
（2）单击发票填开。
（3）判断发票类型，选择对应的发票类型，单击确定。
（4）搜索客户名称，双击搜索结果。
（5）调用工作流文件，进行发票填写。
（6）单击打印。

(7) 重复上面的步骤。

(8) 弹出信息框：开票完成。

三、任务实施

结合流程分析的结果，该机器人的流程设计和开发可由"获取开票申请明细表中的数据"和"录入发票信息"这两个部分构成。下面将对每个部分涉及的开发步骤进行详细介绍。

1. 获取开票申请明细表中的数据

获取开票申请明细表中的数据是流程设计和开发的第一个部分，共分为三个步骤，如图5-116所示。

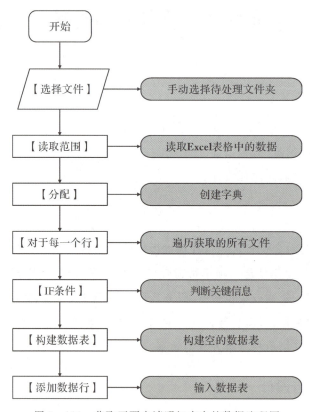

图 5-116　获取开票申请明细表中的数据流程图

步骤一：新建空白流程，更改流程名称为"发票开具机器人"。打开主工作流后，在活动面板中搜索添加【选择文件】，在其属性面板"选择的文件"处创建变量"File"，如图5-117和图5-118所示。

项目5　RPA财务机器人综合实战

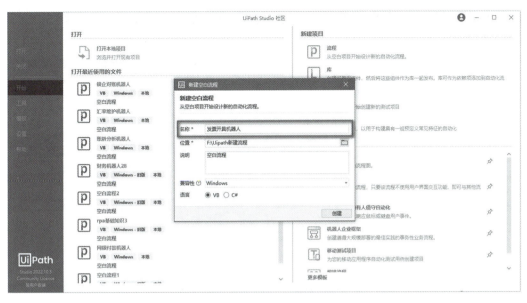

图 5-117　【新建空白流程】对话框

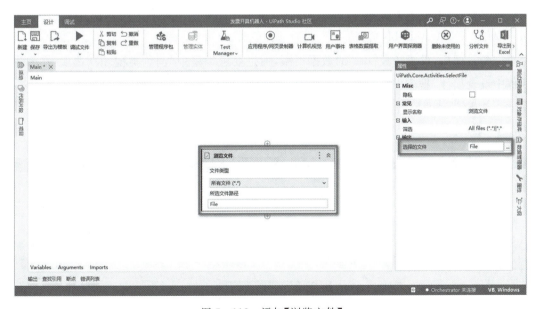

图 5-118　添加【浏览文件】

步骤二：在活动面板中搜索工作簿条目下的【读取范围】，添加至【浏览文件】下方，在其属性面板的"工作簿路径"处输入"File"；"工作表名称"处输入""开票申请明细表""；"范围"处为空；在"数据表"处创建变量"data"；勾选"添加标头"。变量"data"的数据类型默认为"DataTable"，如图 5-119 所示。

图 5－119　添加【读取范围】

步骤三：在活动面板中搜索"分配"，添加至【读取范围】下方，输入表达式使"dic＝New Dictionary(of String,DataTable)"。

单击变量面板，设置变量"dic"的数据类型，通过变量类型中"浏览类型…"选项，在弹出的对话框中设置属性，搜索"Dictionary"，选择"System. Collections. Generic. Dictionar＜(TKey,TValue＞"，设置键的数据类型为"String"，设置值的数据类型为"DataTable"，如图 5－120 和图 5－121 所示。

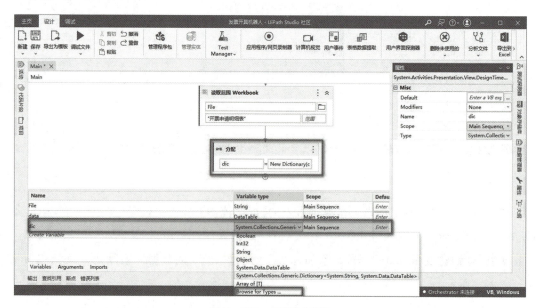

图 5－120　添加【分配】

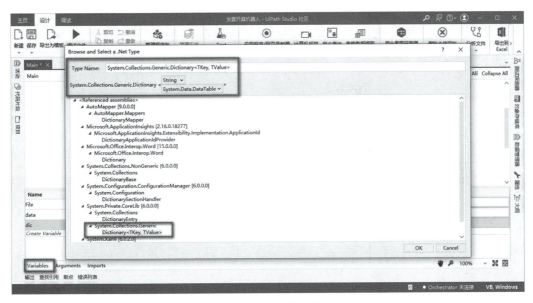

图 5-121　设置数据类型

步骤四：在活动面板中搜索"对于数据表中的每一行"，添加至【分配】下方，"输入"处为"data"；"遍历循环"处为"CurrentRow"，如图 5-122 所示。

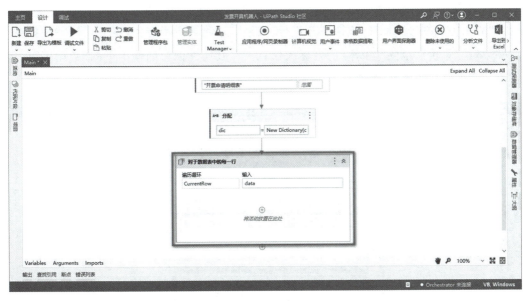

图 5-122　添加【对于数据表中的每一行】

步骤五：在活动面板中搜索"IF 条件"，添加至【对于数据表中的每一行】的"正文"中，设置"Condition * "处为"{}dic.ContainsKey(row(0).ToString)"，如图 5-123 所示。

图 5-123　添加【IF 条件】

步骤六：在活动面板中搜索"构建数据表"，添加至"Else"框中，在其属性面板单击"数据表…"按钮，在弹出的"构建数据表"的对话框中删除非空白数据行，单击"编辑列"按钮，设置列名称，根据开票申请表的标头，依次添加列并设置"销售出库单号""发票类型""申请日期""购买方名称""购买方识别号""地址、电话""开户行、账号""货物或应税劳务、服务名称""规格型号""单位""数量""单价""金额""税率"的列标头信息。在其属性面板的输出下的"数据表"处创建变量"dt"，设置范围为最大，如图 5-124 和图 5-125 所示。

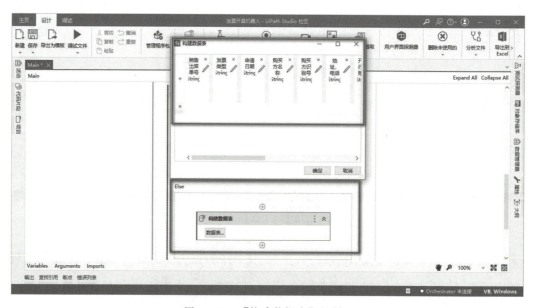

图 5-124　【构建数据表】对话框

项目5 RPA财务机器人综合实战

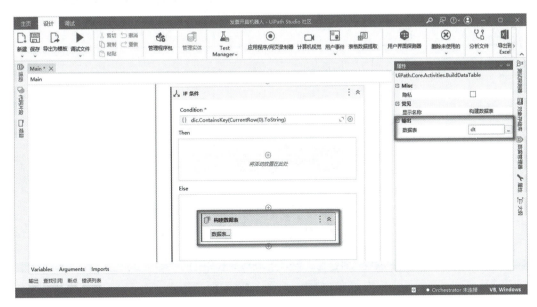

图 5-125 输入属性

步骤七:在活动面板中搜索"添加数据行",添加至【构建数据表】下方,设置"数据表"处为"dt","数组行"处为"CurrentRow.ItemArray",如图 5-126 所示。

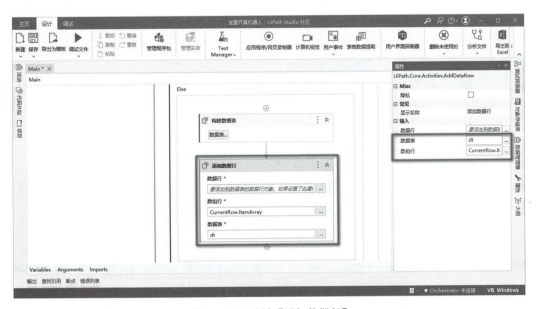

图 5-126 添加【添加数据行】

步骤八:在活动面板中搜索"分配",添加至【添加数据行】下方,【分配】处为表达式"dic(CurrentRow(0).ToString)=dt",如图 5-127 所示。

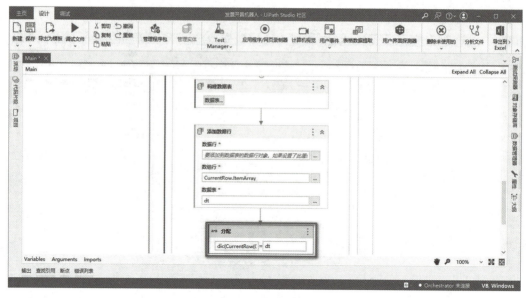

图 5-127 添加【分配】

步骤九:在"Then"框中添加【分配】,输入表达式,使"dd"="dic(CurrentRow(0).ToString)",设置"dd"范围为最大,如图 5-128 所示。

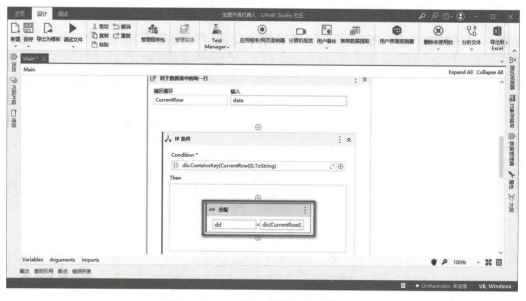

图 5-128 在"Then"框中添加【分配】

步骤十:在活动面板中搜索"添加数据行",添加至【分配】下方,"数据表"处为"dd";"数组行"处为表达式"CurrentRow.ItemArray"。此步可将字典中对应键的值中添加数组行,如图 5-129 所示。

项目5　RPA财务机器人综合实战

图 5-129　添加【添加数据行】

步骤十一：在活动面板中搜索"分配"，添加至【添加数据行】下方，输入表达式，使"dd"="dic(CurrentRow(0).ToString)"，如图 5-130 所示。

图 5-130　添加【分配】

2. 录入发票信息

录入发票信息流程设计和开发为第二个部分，共有七个环节，如图 5-131 所示。

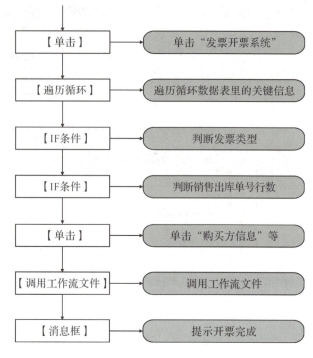

图 5-131 【录入发票信息流程】对话框

默认已经登录教学平台,打开了实验环境的发票开票系统页面。

步骤十二:在活动面板中搜索"遍历循环",添加至【对于每一个行】下方,"输入"处为"dic.keys","遍历循环"处为"key";因在本任务中遍历的内容为字符串,故应将"TypeArgument"改为"String",如图 5-132 所示。

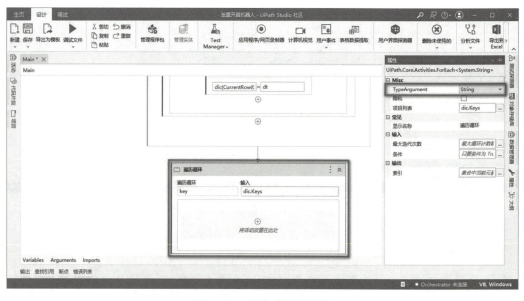

图 5-132 添加【遍历循环】

项目5　RPA财务机器人综合实战

步骤十三：在活动面板中搜索"分配"，添加至【遍历循环】下方，在其属性面板处创建"DataTable"类型的变量"dt2"，设置范围为最大，"输入表达式"处为表达式"dic(key)"，如图 5-133 所示。

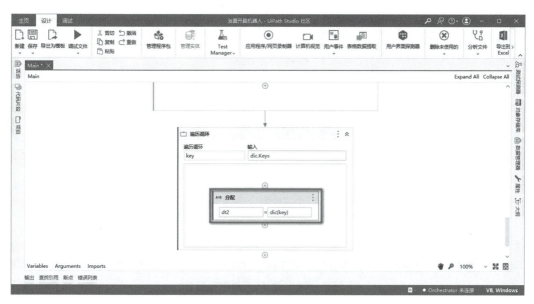

图 5-133　添加【分配】(1)

步骤十四：再添加一个【分配】，在"To"处创建"String"类型的变量"invoiceType"，设置范围为最大，"输入表达式"处为表达式"dt2.Rows(0).item(1).ToString"，如图 5-134 所示。

图 5-134　添加【分配】(2)

步骤十五：在活动面板中搜索"使用浏览器"，添加至【分配】下方，单击"指定应用程序自动化"选择税控开票网页，如图 5-135 所示。

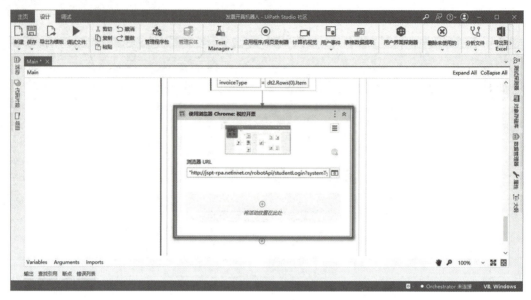

图 5-135　添加【使用浏览器】

步骤十六：在活动面板中搜索"单击"添加至【使用浏览器】中，在其属性面板设置参数内容，单击开票页面中的"发票填开"按钮，如图 5-136 所示。

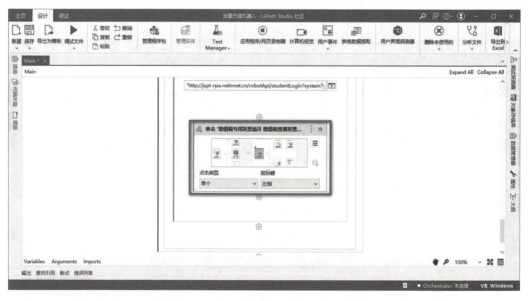

图 5-136　添加【单击】

步骤十七:判断发票的类型并单击对应的发票填开按钮。在活动面板中搜索"IF 条件"添加至【单击】下方,在【IF 条件】中输入表达式"{}invoiceType="增值税专用发票""。此步用来判断"invoiceType"当前的值是否为增值税专用发票,如果是,则执行"Then"框里的操作,如果不是,则执行"Else"框里的操作,如图 5-137 所示。

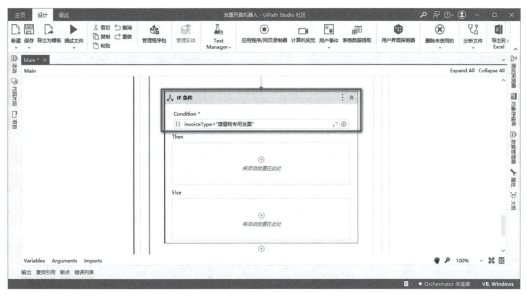

图 5-137　添加【IF 条件】

步骤十八:在活动面板中搜索"单击",添加至【IF 条件】的"Then"框里,单击"增值税专用发票填开"按钮。此步用来进入增值税专用发票填开页面,如图 5-138 所示。

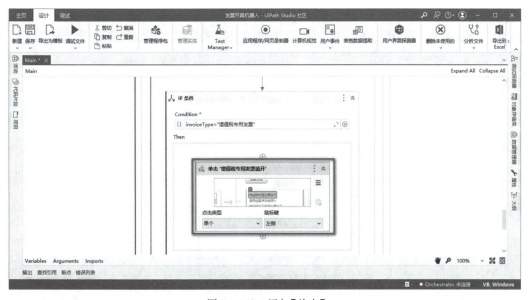

图 5-138　添加【单击】

步骤十九：在活动面板中搜索"IF 条件"嵌套至【IF 条件】的"Else"框里，设置表达式"{}invoiceType="增值税普通发票""。此步用来判断变量"invoiceType"当前的值是否为增值税普通发票。如果是，则执行"Then"框里的操作，如果不是，则执行"Else"框里的操作，如图5-139所示。

图5-139　将【IF 条件】嵌套至【IF 条件】的"Else"中

步骤二十：在活动面板中搜索"单击"，分别添加至"Then"框和"Else"框里，在"Then"框里单击"增值税普通发票填开"按钮，在"Else"框里单击"增值税电子普通发票填开"按钮，如图5-140所示。

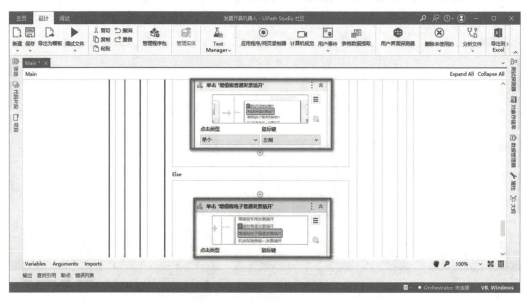

图5-140　将【单击】分别添加至"Then"和"Else"中

步骤二十一：在活动面板中搜索"单击"，添加至【IF 条件】下方，单击开票页面上"单据填开"提示框中的"确定"，按钮如图 5-141 所示。单击编辑选取器，编辑"Parentid"的属性，将"Layui-layer1000"后面的数字替换为通配符"*"。

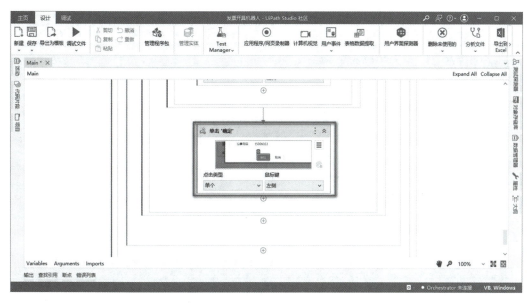

图 5-141　添加【单击】

步骤二十二：在活动面板中搜索"IF 条件"，添加至【单击】下方，设置表达式为"{ }dt2.Rows.Count>6"。该步用来判断键对应的值的数据表的行数是否大于 6，如果是，则执行"Then"框里的操作，如果不是，则执行"Else"框里的操作，如图 5-142 所示。

图 5-142　在【单击】下添加【IF 条件】

步骤二十三：在活动面板中搜索"单击"，添加至【IF 条件】的"Then"框里，单击开票页面上的"清单"按钮。单击编辑选取器，编辑第二行"src"的属性，将"zzszyfp"删除，如图 5-143 所示。

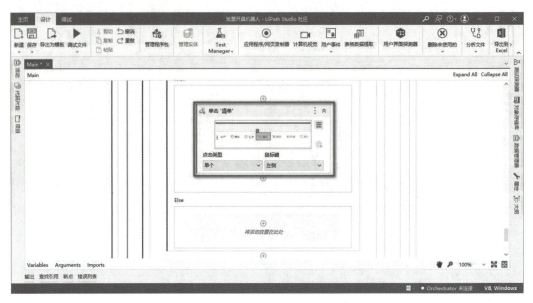

图 5-143　添加【单击】

步骤二十四：在活动面板中搜索"分配"，添加至【单击】下方，在【分配】处输入表达式，使"index = 2"，设置变量的范围为最大，如图 5-144 所示。

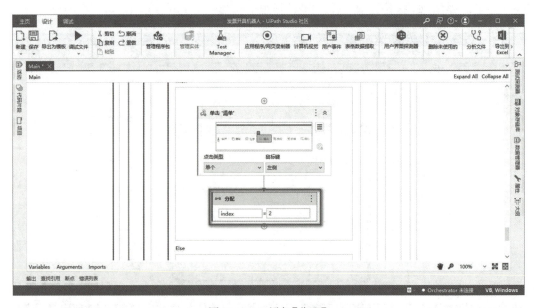

图 5-144　添加【分配】

步骤二十五：在活动面板中搜索"先条件循环"，添加至【分配】下方，设置"条件"为"index<=dt2.Rows.Count"，如图 5-145 所示。

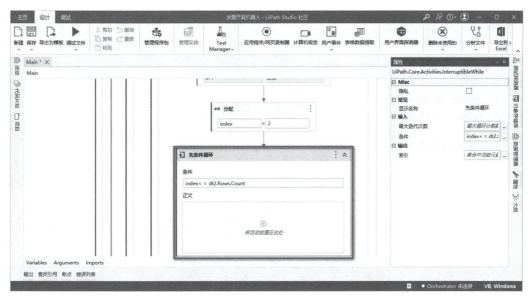

图 5-145　添加【先条件循环】

步骤二十六：在活动面板中搜索"单击"，添加至【先条件循环】的"正文"里，单击开票页面上的"增行"按钮，如图 5-146 所示。单击编辑选取器，编辑第二行"src"的属性，将"zzszyfp"删除。

图 5-146　添加【单击】

步骤二十七:在活动面板中搜索"分配",添加至【单击】下方,在【分配】中输入表达式,使"index = index+1",如图5-147所示。

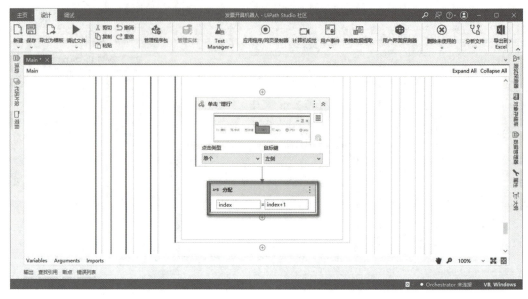

图5-147 添加【分配】

步骤二十八:在活动面板中搜索"单击",添加至【先条件循环】下方,单击开票页面上的"完成"按钮。单击编辑选取器,编辑第二行"src"的属性,将"zzszyfp"删除。该步用来单击开票页面上的"完成"按钮,关闭并保存当前的清单增行页面,如图5-148所示。

图5-148 添加【单击】

步骤二十九：在活动面板中搜索"分配"，添加至【IF 条件】的"Else"框里，在【分配】中输入表达式，使"index = 2"。该步用来使开票页面单击增行时从第 2 行开始增加，为后面增行的数量设置基数，如图 5-149 所示。

图 5-149　添加【分配】

步骤三十：在活动面板中搜索"先条件循环"，添加至【分配】下方，在"条件"处输入表达式"index<=dt2.Rows.Count"，如图 5-150 所示。

图 5-150　添加【先条件循环】

步骤三十一：在活动面板中搜索"单击"，添加至【先条件循环】的"正文"里，单击开票页面上的"增行"按钮，单击编辑选取器，编辑第二行"src"的属性，将"zzszyfp"删除，如图 5-151 所示。

图 5-151　添加【单击】

步骤三十二：在活动面板中搜索"分配"，添加至【单击】下方，在【分配】处输入表达式，使"index = index+1"。此步用来单击开票页面上的"增行"按钮，增加行数至与数据表的数据行数相同为止，如图 5-152 所示。

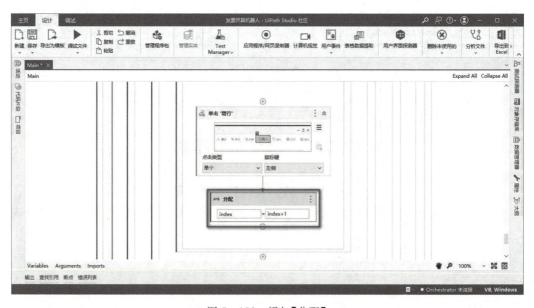

图 5-152　添加【分配】

步骤三十三：在活动面板中搜索"单击"，添加至【IF 条件】下方，单击开票页面上的"…"按钮，如图 5-153 所示。再单击编辑选取器，编辑第二行"src"的属性，将"zzszyfp"删除。

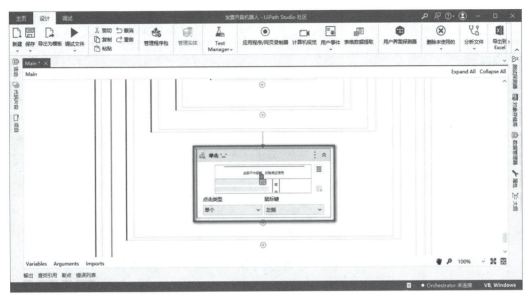

图 5-153 添加【单击】

步骤三十四：在活动面板中搜索"设置文本"，添加至【单击】下方，单击页面上的"搜索框"，在"文本"处输入表达式"dt2.Rows(0).Item(3).ToString"。单击编辑选取器，编辑第二行"src"的属性，将"zzszyfp"删除。此步用来指明输入文本的位置和信息，如图 5-154 所示。

图 5-154 添加【设置文本】

步骤三十五：在活动面板中搜索"单击"，添加至【设置文本】下方，单击页面上的"搜索"按钮。单击编辑选取器，编辑第二行"src"的属性，将"zzszyfp"删除。此步用来对输入的购买方信息进行搜索，如图 5-155 所示。

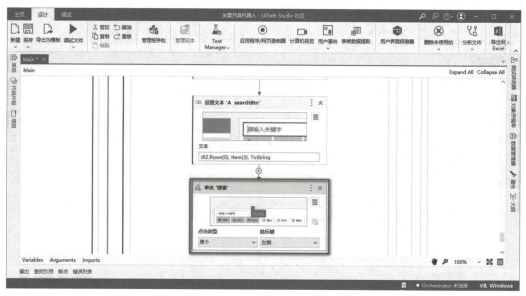

图 5-155　添加【单击】

步骤三十六：在活动面板中搜索"单击"，添加至【单击】下方，单击页面上的搜索出来的"购买方"；单击编辑选取器，编辑第二行"src"的属性，将"zzszyfp"删除。在属性面板"单击类型"的下拉三角箭中选择"CLICK_DOUBLE"，即双击的类型。此步用来选中搜索出来的客户信息，如图 5-156 所示。

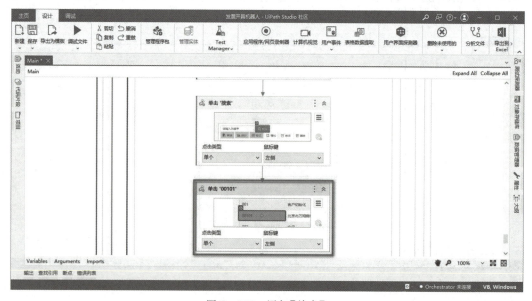

图 5-156　添加【单击】

步骤三十七:添加并设置工作流文件"发票填写.xaml"。在项目面板的空白位置,单击鼠标右键,会弹出一个菜单,单击"添加"选项,在子菜单中,单击"序列"选项。在弹出的"新建序列"对话框中,在"名称"框中输入"发票填写","位置"处为默认路径,单击右下角的"创建"按钮,在项目中增加了一个名为"发票填写.xaml"的空白的工作流文件,如图 5-157 所示。

图 5-157 添加并设置工作流文件

步骤三十八:在"Main"选项卡的右侧,增加了一个名为"发票填写"的选项卡,可以在这个选项卡的设计区内进行发票填写流程的设计。

在新增的工作流文件"发票填写.xaml"中,单击参数面板,单击"创建参数",设置名称为"in_dt",参数类型为"Data Table";单击变量面板,单击"创建变量",设置名称为"dt2",变量类型为"Data Table",默认值为"in_dt"。在设计区中添加【分配】,输入表达式,使"rowIndex=1",如图 5-158 所示。

图 5-158 在设计区中添加【分配】

步骤三十九：在活动面板中搜索"对于数据表中的每一行"，添加至【分配】下方，"输入"处为"dt2"，"遍历循环"处为"CurrentRow"。在活动面板中搜索【IF 条件】添加至【对于数据表中的每一行】的"正文"中，设置条件为表达式"{}dt2.Rows.Count＞6"，如图 5-159 所示。

图 5-159　添加【对于数据表中的每一个行】

步骤四十：在活动面板中搜索"使用浏览器"，添加至【IF 条件】的"Then"框中，选择税控开票网页。搜索"单击"添加至【使用浏览器】的"正文"框中，单击"清单"按钮。单击编辑选取器，编辑第二行"src"的属性，将"zzszyfp"删除。此步用来将大于 6 行的数据通过单击"清单"按钮进行录入，如图 5-160 所示。

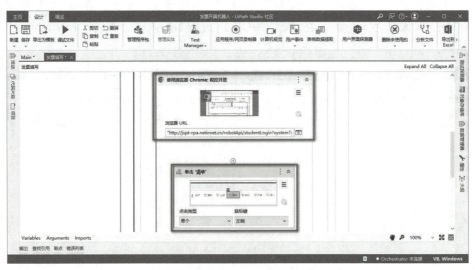

图 5-160　添加【使用浏览器】

步骤四十一：在活动面板中搜索"IF 条件"添加至【IF 条件】下方，设置条件为表达式"{}rowIndex＜＝6"，如图 5-161 所示。

项目5 RPA财务机器人综合实战

图 5-161 添加【IF 条件】

回到"发票填写"工作流中,在活动面板中搜索"调用工作流文件"添加至【IF 条件】的"Then"框中,在"工作流程文件名"处点击"文件夹"图标按钮,在弹出的对话框中选择"发票填写内容.xaml"文件,如图 5-162 所示。

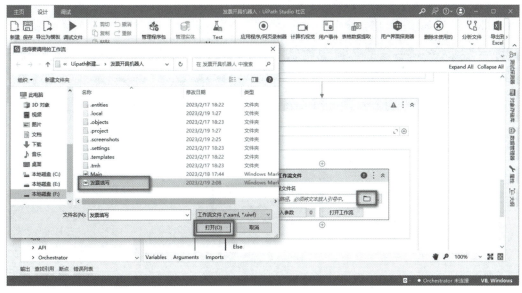

图 5-162 添加【调用工作流文件】

步骤四十二:在活动面板中搜索"调用工作流文件",添加至【IF 条件】的"Else"框中,在"工作流程文件名"处点击"文件夹"图标按钮,在弹出的对话框中选择"清单填写.xaml"文件。此步用来通过条件判断行号的数量,进而决定是直接填写发票内容还是从清单填写。

在"Then"框和"Else"框中分别单击"导入参数"按钮,在弹出的"调用的工作流的参数"框中,设置参数"in_row",值处输入"CurrentRow",设置参数"in_row_index",值处输入"rowIndex",此步用来同步调用指定的工作流,并向其传递输入参数列表,如图5-163所示。

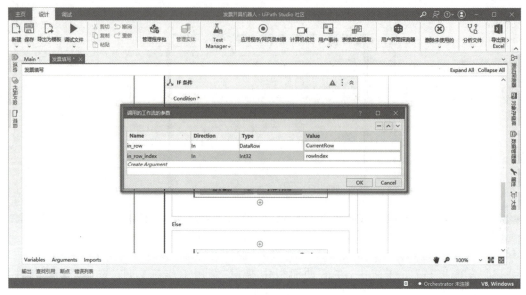

图5-163 添加【调用工作流文件】

步骤四十三:在活动面板中搜索"分配",添加至【IF 条件】下方,输入表达式,使"rowindex = rowindex+1",如图5-164所示。

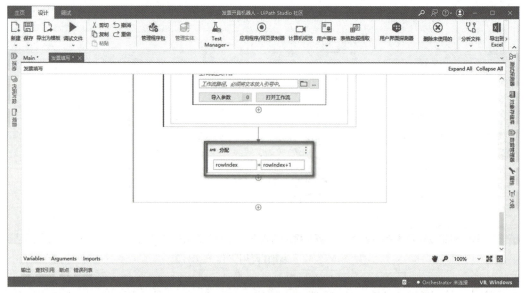

图5-164 添加【分配】

步骤四十四:在活动面板中搜索"IF 条件",添加至【对于每一个行】下方,输入"{}rowIndex

>6",如图 5-165 所示。

图 5-165　添加【IF 条件】

步骤四十五:在活动面板中搜索"使用浏览器",添加至【分配】下方,单击"指定应用程序自动化",选择税控开票网页。在活动面板中搜索"单击",添加至【使用浏览器】的下方,单击"完成"按钮。单击编辑选取器,编辑第二行"src"的属性,将"zzszyfp"删除,如图 5-166 所示。

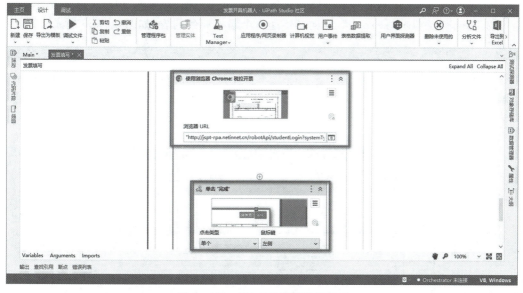

图 5-166　添加【使用浏览器】(1)

步骤四十六:在活动面板中搜索"使用浏览器",添加至【分配】下方,单击"指定应用程序自动化",选择税控开票网页。在活动面板中搜索"单击",添加至【使用浏览器】下方,单击"打印"

按钮。单击编辑选取器,编辑第二行"src"的属性,将"zzszyfp"删除,如图 5-167 所示。

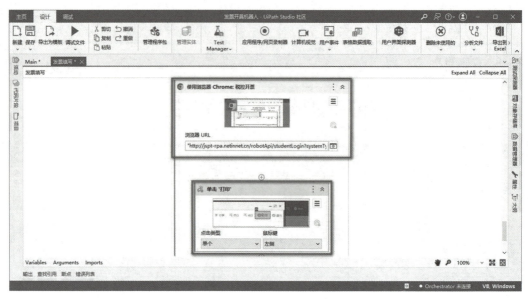

图 5-167　添加【使用浏览器】(2)

步骤四十七:回到"Main"工作流中,在活动面板中搜索"调用工作流文件"添加至【单击】下方,在"工作流程文件名"处通过单击"文件夹"图标按钮在弹出的对话框中选择""发票填写.xaml""文件,或者在属性面板"工作流文件名"中输入""发票填写.xaml"";单击"导入参数"按钮,在弹出的"调用的工作流的参数"框中,设置参数"in_dt",值处输入"dt2"。此步用来同步调用指定的工作流"发票填写.xaml",并向其传递一个输入参数列表,如图 5-168 所示。

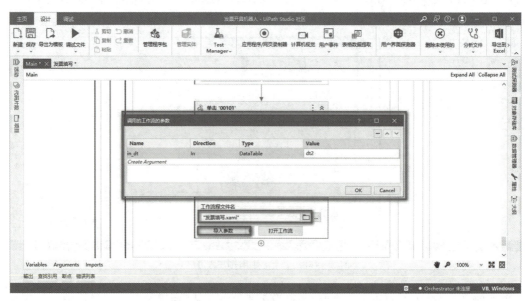

图 5-168　添加【调用工作流文件】

项目5 RPA财务机器人综合实战

步骤四十八:在活动面板中搜索"消息框"添加至【遍历循环】下方,在"文本"处输入""开票完成"",如图5-169所示。此步用来提示用户机器人程序运行完毕。

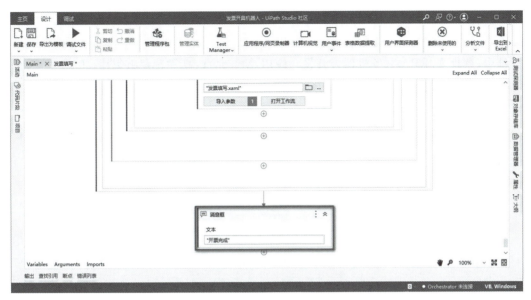

图5-169 添加【消息框】

四、本节小结

(1)该机器人的流程设计是针对有人值守机器人设计的,也就是有一定的人工干预,比如选择文件、测试机器人工作环境等,操作时有些方面要注意。在【读取范围】活动设置"工作表名称"时,可以直接在其属性面板"工作表名称"处输入""开票申请明细表"",但是需要注意在输入工作表名称时一定要在英文状态下输入引号,也可以在【读取范围】活动中,用文件夹图标直接选取目标文件。

(2)在【读取范围】的属性中,一定要记得把"添加标头"勾选上。

(3)增值税开票机器人目前没有设置维护购买方信息的流程,购买方信息都已默认在开票软件里维护过,开票时直接通过搜索选中购买方即可开具发票。

参考文献

[1] 程淮中,蔡理强. RPA 财务机器人开发与应用[M]. 北京:高等教育出版社,2022.
[2] 高翠莲,乔冰琴,谢计生. 企业财会机器人应用与开发[M]. 北京:高等教育出版社,2022.
[3] 王萱,闫佳. RPA 财务机器人实训教程[M]. 北京:中国人民大学出版社,2022.

前言

随着大数据、人工智能、信息技术的发展,加快数字化发展、建设数字中国、迎接数字时代、激活数据要素潜能等越来越重要。在智能财务的发展体系中,机器人流程自动化是关键技术之一,RPA(robotic process automation,机器人流程自动化)财务机器人也是智能财务产品中的重要一员。本书可使学生的 RPA 技术基础开发与应用能力得以全面提升,满足数字经济时代对新型复合型高素质人才的培养需求;使学生具有独立思考和主动探究能力,提升利用 RPA 等新技术解决现实问题的综合能力,培养爱岗敬业的专业素养和勇于创新的职业精神。

本书包含五个章节,RPA 在财务中的应用——随机数字机器人、RPA 在财务中的应用——Excel 篇、RPA 在财务中的应用——E-mail 篇、RPA 在财务中的应用——Web 篇以及 RPA 财务机器人综合实战。

本书的参考学时为 80 学时,其中 56 学时为实践环节,各模块的学时可参考下面的学时分配表。

章节	课程内容	学时分配	
		讲授	实训
项目 1	RPA 在财务中的应用——随机数字机器人	4	12
项目 2	RPA 在财务中的应用——Excel 篇	4	8
项目 3	RPA 在财务中的应用——E-mail 篇	4	8
项目 4	RPA 在财务中的应用——Web 篇	4	8
项目 5	RPA 财务机器人综合实战	8	20
	课时总计	24	56

本书由长春金融高等专科学校王丹和李咏桐担任主编,长春金融高等专科学校丁万博、吉林工程技术师范学院刘春明担任副主编。项目 1 和项目 2 由王丹编写,约 14 万字;项目 3 和项

目 4 由李咏桐编写,约 12 万字;项目 5 由丁万博和刘春明共同编写,约 7 万字。全书案例设计由王丹和李咏桐负责。

由于编者水平有限,对实际工作研究不够全面,书中难免存在不足,我们期待使用本书的教师和学生批评指正,以便今后不断改进与完善。

编者

2023 年 7 月